聖アンデレ

イエス・キリストを支えた史上最強CFO

喫茶去

ヨハネは、ふたりの弟子と一緒にいた時、ふと、歩いていくイエスに目をとめた。

「あそこに、神の小羊がいる。」

ふたりの弟子が師ヨハネの言葉に触発され、イエスの後を追った。イエスは、ふり向いて言った。

「なにか願いごとでもあるのか?」

ヨハネのふたりの弟子はたずねた。

「先生は、どこにお泊まりですか?」

イエスは彼らに言う。

「来てごらん。そうしたら分かるだろう。」

そこで彼らはついて行って、イエスの泊まる所で話しこんだ。時は午後4時ごろであった。

ヨハネの示唆を受けてイエスについて行った2人のうちの1人はアンデレと言った。

彼はまず自分の兄弟シモン(ペテロ)に会って言った。

「いま、救世主に会ってきたよ。」

そして、シモンをイエスのもとにつれてきた。イエスは彼に目をして言った。

「ヨハネの弟子シモンか。あなたをケファ（岩）と呼ぶことにしよう。」

その翌日、イエスはガリラヤに行こうとした。その時、フィリポに出会って、言った。

「私に、ついてきなさい。」

フィリポは、アンデレやシモンと同じベッサイダの出身であった。

フィリポは、ナタナエルに会い、言った。

「俺、出会ったよ。ヨセフの子、ナザレのイエス。彼こそ、モーセが律法の中に、そして預言者たちが預言の書に記した人物だ！」

ナタナエルは彼に言った。

「おいおい、貧村ナザレだぜ。そんないい人物、出てくるわけがない。」

フィリポはナタナエルに言った。

「来いよっ！自分の目で確かめろ。」


（ヨハネ福音書１：35〜46より。自由訳）

はじめに 6

はじめに

『新約聖書』は、あなたに向けて書かれた

『新約聖書』は、古今東西でもっとも多くの人が読んだと言われる古典中の古典です。多くの人に愛される一方、他方で毛嫌いされる場合もありながら、現代に伝えられてきました。ある意味で、一番多くの人に愛読され、また誤解されて読まれ続けた本といえるでしょう。

この本、誰に向けて書かれたものでしょうか?

そう「あなた」、一人一人のすべての人々に向けて書かれています。

『新約聖書』は、紀元前4年頃に生まれ紀元後30年頃に亡くなったイエスという青年と、その弟子たち、伝道師たちの言行などが記載された書物です。

イエスの弟子たちは、師が処刑された後、大きく2つに分裂しました。このうち、従来のユダヤ教徒とは異なる思想(すなわち、「すべての人は救済され得る」という思想)を継承する人たち(ヘレニスタイ)が、新約聖書を書き始めました。

彼らは、イエスの思想を広めるために、つまり、読者ひとりひとりが救済の可能性を感じられるように、新約聖書を書き、教えを伝えました。これを伝道といいます。新約聖書の半分は、紀元30年から50年頃に活躍したパウロという人物の言行録になっていますが、それは、このパウロこそが、伝道師として「キリスト教」の礎をつくったからに他なりません。

その後、ユダヤ独立戦争（ユダヤ戦争）でユダヤ側が敗北したことを機に、結果的に、イエスの弟子たちのもう一つの派閥（ヘブライオイ。従来のユダヤ教徒との親和性を強調する立場）が再合流し、「イエスの教え」は「キリスト教」に生まれ変わって発展への道を歩みだしました。

その中で、「すべての人は救済され得る」というメッセージも広がりました。すべての人には、当然、あなた、私といった現代を生きるわれわれも含まれています。イエスは、私たちを含む古今東西すべての魂に向かって、死後の（例外のない）救済を説いたのです。

聖アンデレは、イエスを支えた教団CFO

聖アンデレは、イエスの一番弟子でありながら、新約聖書にはほとんど出てきません。イエスには、12人の優れた弟子（高弟）がいたと言われていますが、その12人ひとりひとりの業績は、実は、あまり知られていません。多くの弟子の言行は新約聖書にすら記載されていません。その筆頭が、一番弟子の聖アンデレです。

この理由としては、イエス没後にイエス教団が分裂し、ペテロなどを中心とする後の「主流派」（ヘブライオイ。ペテロなど）によって、対抗者となってしまった人たち（ヘレニスタイなど。聖フィリポなど）の業績が新約聖書から消されたためだろうというのが本書の考えです。

イエス教団という「人の集まり」において、その組織の運営は誰かが担わなくてはなりません。組織としての動きが見える場合には、その背後で、誰かが必ず調整役を担っていたはずです。その調整役（教団の番頭）を務めた人物こそ聖アンデレであり、その優秀な部下として聖フィリポがいました。そう分かってくると、聖書に明示されていなくても、そこにいるはずの聖アンデレは、組織の中でなにをしようとしていたか、どのような動きをしていたか、といったことがらが、前後のつながりから読みとけるようになります。

こういった作業を、聖アンデレだけでなく、聖フィリポ、聖トマス、マグダラのマリアなど、イエスの周辺にいた方々について繰りかえすことで、歴史的な存在としてのイエスに、そして聖アンデレを中心とする弟子たちに迫っていこうと思います。

新約聖書にイエスの言葉がそのまま書かれているかどうかは、もう誰にも分からない

この本の著者は、聖アンデレに私淑し、ヨハネ23世やフランシスコはじめ優れたローマ教皇に尊敬の念を抱いていますが、基本的には仏教徒であり、異教徒の眼でキリスト教を見ています。そして、イエスの教えと新約聖書に書かれた内容については、必ずしも一致していないと考えています。イエスが亡くなった後から紀元100年ほどの間に新約聖書の資料となる文書が多数書かれ、それが2世紀に聖典としてまとめられるような動きが始まり、4世紀にキリスト教がローマ帝国の国教となる時期までの間に信者間で様々な調整が行われ、ここで一旦教義が確定しています。この間の協議・調整が、すべて人間によって行われているため、その当事者となった人々のおかれた立場、政治的思惑などによって解釈が変わっていったはずだからです。

従い、「聖書に書かれていることがすべてイエスの教え（福音）である」という立場を本書は取りません。

聖書の読み方については、いろいろな立場があります。歴史的に解釈しようという立場（本書もその一つです）、神学的に把握しようという立場、字義から解釈しようとする立場など、さまざまな立場があります。キリスト教の宗派も様々です。カソリックもあれば、プロテスタントもあり、イギリス国教会もあります。ユニタ

リアンの主張は、仏教の思想に近いと言えるでしょう。このような中で、十字軍（特に、アルビジョワ十字軍１２０９年～１２２９年）、ユグノー戦争（１５６２年～１５９８年）など、キリスト教徒同士が、どちらも自分こそが正しい信仰をもっていると思い、対立し殺し合うことは歴史上幾度となく起きています。

キリスト教は、時に他者を排斥するための論理として使われたり、逆に、すべてを赦し合う寛容の論理としても利用されたりしています。まったく異なる教えが、「聖書」「キリスト教」という同じ源泉から紡ぎだされているのです。この点が、予備知識なしに「キリスト教」を理解しようとした場合に、困惑させられる要因の一つになっています。

こういった解釈の多様性は、人々の「伝言ゲーム」によって発生したように思われます。イエスが弟子に話したことが、その弟子などから更に広がっていく際に、いろいろな人の主観や解釈が入り、もともとのイエスの発言とは全く異なった展開を遂げてしまったのではないでしょうか。

それらの思惑や編集に惑わされずに、イエスの教えに、そして、聖アンデレの人となりや思想に触れることはできないものでしょうか？

そのために、まず、聖書がどのような経緯を経て成立し伝承されてきたかを徹底的に洗い出すことが必要になります。また、聖書の中の語句や表現が、どのように編集されているかを問いただすことも重要です。やがては、後世の編集によって覆い隠されたイエスの言葉（本当の福音）が姿を現すのではないでしょうか。

本書の着目点

さて、聖書の読み解きを通じて「本当の福音」を知るために、注目したいのが聖アンデレの動きです。聖アンデレはイエス教団のＣＦＯであり、総務担当の聖フィリポと、出納担当であるイスカリオテのユダなどの上司でした。

本編では、以下の２つの問題意識をもちながら、聖アンデレを尊敬し、聖アンデレに倣って生きることの可能性について探っていこうと思います。

師イエスがつかまってリンチにあい、部下であるユダが殺されてシケル銀貨30枚が奪われ、兄弟同然のペテロが、師イエスのことを「そんな男は知らない。これが嘘なら呪われてもいい」と逃げ回った日、教団のＣＦＯであった聖アンデレは、一体どこにいて、何をしていたのでしょうか？そして、何を考えたのでしょうか？

そもそも聖アンデレは、イエスのどこに惹かれ、支えていこうと考えたのでしょうか？
それはどのようにして達成され、または達成されなかったのでしょうか？

本書の仮説

結論めいたことを先に書いておきましょう。本書の議論を通じて、筆者は、以下の仮説に至っています。

■イエスの教えを踏まえ、当初、新約聖書を著そうとした人々（特にヘレニスタイ）が訴えた内容は、以下のようなものではあったのではないか。

①すべての人間は（ユダヤ教徒であるか否かを問わず）救済される。
②聖書を通じ、イエス、ペテロ、パウロの生前の姿を知ってほしい。立派な聖人とみられていた彼らも人間であり、弱さや欠点や失敗を重ねている。それでも、洗礼のヨハネを信じ、イエスを信じて行動したことで変わることができ、救済された。
③こういった視点をもつきっかけを与えてくれたのがイエスである。イエスの悩みを共有し、彼が悩みから脱却した姿や、その教え（本当の福音）を知ることで、われわれも変わり得るのだ。

そして、筆者が信仰する仏教についても、こう考えるに至りました。

④イエスの教え（福音）は、東西貿易の中で阿弥陀仏（あみだぶつ）信仰に変化し、大乗仏教の成立に大きな影響を与えた。

読みやすさを考えて結論を最初に書いていますが、もともと聖書などを読み込むうちに至った仮説です。イエス・キリストの発言や周りの人々の行動を歴史的にたどることで、イエス・キリストの思想や考え方が見え、「本当の福音」と、他の宗教への影響が見えてくるように思います。

本書のスタンス

本書は、宗教としてキリスト教以外（具体的には仏教）を信奉している著者が、聖アンデレに私淑し、崇敬していく中で生じた疑問を解決するために書かれました。キリスト教の教義からは一定の距離を置き、歴史的・科学的なイエス像・聖アンデレ像を求めているのは、異教徒（仏教徒）だからでもありますが、ただただ「聖アンデレ」の御姿に直接相まみえたいと願っているからです。

本書は、異教徒の眼から見てはいますが
イエスに対しては驚嘆と限りない敬意を、
聖アンデレ、そして父ヨセフ、母マリアに対しては、限りない尊敬と憧れを、
聖トマス、義人ヤコブ、そしてマグダラのマリアに対しては羨望を、そして
聖フィリポとペテロに対しては共感と親しみを感じつつ書かれています。

しかし、他方でまた、すべての人々を人間として理解しようとも努めています。宗教や宗派の別を超え、キリスト教の教義が確立する前の彼らの人間としての存在を把握したいと願うからです。

それがどのようなものであろうと、自分を育ててくれ、成長の過程において受け入れてきた信仰体系の本当の姿にきちんと向き合うことは、宗教・宗派を問わず、すべての人にとって大切なことです。どのような宗教においても、その教義に対して批判的にアプローチすることは、人々を知的で思慮深い態度に導き、信仰を自

らの血肉に、奥深い内面的なものにしてくれるものと信じます。

多少なりとも、推理小説のような謎解き要素や推測などが入ってきてはいますが、「本当の福音」の射程が明確になれば、ただの人間でしかないわれわれは、自分の限界を知り、お互いを認め合えるようになるのではないか。そして、さまざまな宗教の違いを乗り越えて、人々の間の争いも大抵のものが止むのではないか、そう信じます。

聖アンデレたちへの尊敬の念も、その暁に、また深くなっていくことでしょう。

二〇二四年一二月

第1章　新約聖書を読むための基礎知識

第1節　新約聖書には、なにが書いてあるか？

新約聖書には、なにが書いてあるか？

『新約聖書』は、紀元前4年ころに生まれ紀元30年前後に活躍したイエスという指導者の言行録と、その後、イエスの教えを伝道したパウロの言行録や手紙などを中心に、編纂されています。

西方教会では新約聖書は27篇の文書から成るとされていますが、これはそれぞれ、イエスの死後に、まったく別々の作者が、それぞれの立場から書いたものです。また、多数の文書が集められて正典とされる中で、ここには採用されなかった文書もあります。そして、必要な改訂を加え一体感を醸成してはいますが、元々は別のものなので、文書ごとの相違や矛盾が多数みられるのは仕方ありません。

【1】イエスおよび弟子の言行録

マルコによる福音書

マタイによる福音書

ルカによる福音書、使徒言行録

ヨハネによる福音書

【2】パウロの手紙（パウロ書簡）

(1)パウロ自身が書いたと言われているもの

テサロニケの信徒への手紙1

コリントの信徒への手紙1、2

ガラテヤの信徒への手紙

フィリピの信徒への手紙

フィレモンへの手紙

ローマの信徒への手紙

(2)パウロの弟子たちが書いたと思われるもの

コロサイの信徒への手紙

エフェソの信徒への手紙

テサロニケの信徒への手紙2

(3)パウロとは関係のない人物がパウロの名を騙って書いたと思われるもの（いわゆる「牧会書簡」）

テモテへの手紙1、2

テトスへの手紙

【3】草創期の教会で作成された書簡

ヘブライ人への手紙
ヤコブの手紙
ペトロの手紙1、2
ヨハネの手紙1、2、3
ユダの手紙

【4】黙示録

ヨハネの黙示録

第2節　歴史的アプローチ

歴史的なアプローチの意義

聖書には「奇跡」の話が多数出てきます。そこには、現在でも起こり得るような出来事もありますし、科学的常識とはかけ離れた事象も含まれています。ここに科学的・理性的なスタンスから「なにが歴史的事実か」という視点で、聖書を読みこんでいくのが歴史的アプローチです。このアプローチは、歴史的にイエスを見直したらどうなるかという「歴史的イエス」の問題としてはじまりました。

「歴史的イエス」へのアプローチは、シュヴァイツァー（Albert Schweitzer）（1875～1965）によって本格化しました。シュヴァイツァーは、J・S・バッハ研究をしたオルガン奏者、「密林の聖者」と呼ばれた医師など、多彩な顔をもった人物ですが、元々は仏ストラスブール大学で神学博士・哲学博士を取得した神学者でした。

聖書の記述に矛盾があることに気づいたシュヴァイツァーは、その矛盾を理性的に探求しました。その成果の一つが「イエスの終末観」です。イエスは緊迫感をもって終末観に生きた。イエスは「人の子」として深い理解と同情をもって社会的弱者に向き合い、命がけで彼らを愛し奉仕した。この徹底した愛の行為こそが、後世においてイエスを「神の子」として受け入れる信仰につながった。このように考えたのです。

歴史は壮大な伝言ゲームです。そのため、ここでいう歴史学は、政治的な「正史」としての歴史研究よりも、いわゆる「民衆史」の手法によって、影響を分析することが望ましいでしょう。

知っておきたい新約聖書の成立史のポイント

聖書を歴史的にみるにあたって、最低限知っておきたい歴史を確認しておきましょう。ポイントとなるのは3点。イエスの活動時期と、ユダヤ戦争（ユダヤ民族によるローマ帝国からの独立を求めた内乱）、そしてヤムニア会議です。

先ず、イエスの活動時期。イエスは、紀元前4年または紀元前6年に生まれ、紀元30年頃に亡くなった人物です。洗礼のヨハネの教団の中で重要な地位を占めており、師ヨハネが処刑された後、「神の国が来る」という危機意識の中で、「真のユダヤ教」（とイエスたちが考える教え）の布教を進めました。

次に、ユダヤ戦争（いわゆる第1次ユダヤ戦争）です。紀元66年から73年までの間に繰り広げられた、旧ユダヤ王国によるローマからの独立戦争でユダヤ側は敗北しています。なお、この頃、ローマ帝国側も、いわゆる「ローマ内戦」（紀元68年から70年）の時期でした。この70年前後は、ローマ帝国と旧ユダヤ王国、ユダヤ教徒、キリスト教徒の関係が決定的に変わった時期といえます。イエスの弟子も亡くなっていくため、教団の権威を守るために、文書を通じてでしか教えの正当性を保てなくなり、聖典の整備が始まった時期です。

この結果が端的に表れたのがヤムニア会議です。これは、エルサレムの陥落から逃れたユダヤ教の指導者たちが、ローマ帝国当局の許可を得て、エルサレム西部の町ヤムニア（ヤブネ）においてユダヤ教の正統を決定しようと、紀元90年代に推し進めた一連の宗教会議のことです。この結果、旧約聖書（ユダヤ教の正典）の内容が固まり、多くの書物が異端または偽書とされるとともに、キリスト教徒をシナゴーグから追放（ユダヤ教から排除）することになり、キリスト教のユダヤ教からの独立が決定的となりました。

その後、新約聖書の骨格が現在のような形になったのはローマ帝国で国教化が進められ、人間たちによって整備が進められた4世紀のことです。その間、聖書が存在していなくてもキリスト教徒は存在していました。つまり、聖書がなくても正統な信仰は可能ということです。聖書そのものを福音ととらえる考え方には無理があることは、こういった点からも明らかでしょう。

第3節　登場するキーマンたち

イエス（イエス・キリスト）

イエスは、生没年は不詳ですが、おおよそ紀元前4年頃に生まれ、紀元30年頃に亡くなったとされています。（もともと、紀元という手法は、イエスの生誕前後で歴史を二分するために設定された概念です。）

また、クリスマスは、一般にイエスとしてこの世に使わされた救い主（キリスト）の誕生を記念する日とされています。12月25日にイエスが生まれたわけではありません。暦によっては1月6日がクリスマスになることからも分かる通り、日照時間が一年で最も短い冬至を「光の死」として捉え、その次の日をもって「光の子」であるキリストの復活になぞらえて、祝う日です。ローマ帝国でキリスト教が国教化されるにあたり比定されました。ですので、歴史的なイエスについては、クリスマスからは何も分かりません。

洗礼のヨハネに弟子入りした後、死の直前3年間ほどの間に独自の布教活動を行い、その過程で人々の病気を癒したり、死者を復活させたりといった奇跡を起こし、絶大な人気を博しました。エルサレムで磔に遭って亡くなりましたが、その後、復活したと言われています。

なお、復活を祝うのがイースター（復活節、パスハ）とされ、春分後の最初の満月の次の日曜日を祝います。ただし、これはユダヤ教のお祝いである「過越しの祭り」（パスハ、ペサハ。エジプト脱出における神の奇跡を祝うもの）に合わせてキリスト教でも祝っているものですので、イースターからも歴史的なイエスについては分かりません。

出身地はガリラヤ地域のナザレという村です。ガリラヤは旧約聖書で「異邦人どものガリラヤ」（イザヤ書8：23）と表現され、エルサレムから一段低く見られた貧しい地域です。文化と通商で栄えた大都会セッフォリスまでは歩いて行ける距離にありました。

ナザレで問題なのは、この村が泥と煉瓦でできていたことである。手のかかっている建造物があったとしても、せいぜい石造りだったであろう。屋根には木の梁を使い、扉は木製だったかもしれない。ナザレのような100世帯そこその質素でほとんど忘れられたような村では、貧しい家族の大半は、最低生活レベルぎりぎりの暮らしも覚束ないくらいで、家族を養うことはむずかしかったであろう。イエスやその兄弟たちのような職人や日雇労働者は、もっと大きな町や都市に仕事を探しにゆかねばならなかったと思われる。（レザー・アスラン『イエス・キリストは実在したのか？』86頁以下）

イエスは、貧しい人々の多いガリラヤ地域で、土木工事から建築、家具製造まで幅広く行うテクトンとして活躍しました。セッフォリスの都市建設にも長らくかかわっていたと推測されます。手紙なども見つかっていないことから、イエスは、おそらくは文字の読み書きができなかった人物だと考えられます。（加藤隆『新約聖書の誕生』65頁）

そんな人物が、何故、有名になったのでしょうか？

おそらくですが、理由は2つほど考えられると思います。

（1）テクトンとして優秀であったため。

（2）洗礼のヨハネ（バプテスマのヨハネ）の後継者として活動したため。

まずテクトンとしての優秀さ（1）を考えてみましょう。

ガリラヤ地区では9000年前のセメントも発掘されていますが、土木工事には、切石なども含まれます。イエスも、重労働に従事していたのでしょう。石の下敷きになるかもしれないし、高い場所から落ちるかも知れず、熱中症で死ぬかもしれない。過酷な状況下、リーダーシップを磨いた人物と考えられます。

悪霊につかれて口のきけない人を癒したり、手足の不自由な人を癒したり、死んでしまった人たちを蘇えらせたり、といったイエスの「奇跡」は、日々の重労働のなかで、応急処置をしたり仮死状態に至った人を蘇生させたりした経験によるものかも知れません。

次に、洗礼のヨハネ（バプテスマのヨハネ）の後継者（2）について見てみましょう。

ナザレという低く見られる貧村・寒村の出身であり、文字の読み書きができなかったにも係らず、イエスがヨハネの後継者になれたのは、イエスが教団の中でヨハネに一定の評価を受け、それなりに高い地位についていたためと考えるのが自然です。ヨハネの福音書には、聖アンデレら2名がヨハネの弟子だったと書かれていますが、むしろ、イエスの初期の主要な弟子はほとんどヨハネ教団の出身だったかも知れません。

洗礼のヨハネ

イエスが弟子入りし、バプテスマ（洗礼）を授けられた師匠が、洗礼のヨハネです。生没年は不詳です。エルサレム神殿を守っていた名家の出身です。出身家は政治的な理由で神殿を追い出されていましたが、本当の神につながった家系として尊敬を集めていました。ヨルダン川が死海に流れ込む河口付近を拠点に、罪の赦しのための悔い改めのバプテスマ（ルカ福音書3：3）を宣べ伝えており、ユダヤ人だけではなく、ギリシア人なども含め、ユダヤ全域から人々が彼の下に集まったと言われています（マルコ福音書1：4～5）。尚、当時のバプテスマは、川または水槽の中に全身を浸すというものです。（ちなみに、例えば、いまもロシア正教では、新年1月19日（ユリウス暦1月6日）に行われる「主の洗礼祭」で、教徒はヨルダン（氷水の穴）に全身を浸しています。）

イエスはヨハネを「再臨のエリヤ」として尊敬していました。エリヤは、旧約聖書の中でただ一人、死ぬことなく昇天したとされる特別な預言者です（列王記下2：1～14）。

> イエスは言われた。「確かに、エリヤが先にきて、万事を元どおりに改める。しかし、人の子について、彼が多くの苦しみを受け、かつ恥ずかしめられると、書いてあるのはなぜか。しかしあなたがたに言っておく、エリヤはすでにきたのだ。そして彼について書いてあるように、人々は自分勝手に彼をあしらった。」
> （マルコ福音書9：12～13）

このイエスの発言は、旧約聖書にある「ヤハウェの日（終末の日）の前に、エリヤが遣わされる」という構成の下、そこに、ヘロデ王によるエリヤが処刑されたことを踏まえたものです。

> 見よ、主の大いなる恐るべき日が来る前に、私は預言者エリヤをあなたがたに遣わす。彼は父の心をその子供たちに向けさせ、子供たちの心をその父に向けさせる。これは私が来て、のろいをもってこの国を撃つことのないようにするためである。
> （マラキ書3：23～24）

そして火のような預言者エリヤが登場した。彼の言葉は松明のように燃えていた。

エリヤよ…あなたはいと高き方の言葉によって死者を死から、黄泉から立ち上がらせた。…あなたは定められた時に備える者。神の怒りが激しくなる前に、これを鎮め、父の心を子に向けさせ、ヤコブの諸部族を立て直す者。あなたを見る者、また、愛のうちに眠りについた者は幸いである。確かに、私たちも生きるであろう。

（ベン・シラ知恵の書48：1〜11）


しかし、そのエリヤ（洗礼のヨハネ）が、ヘロデ王によって処刑されたのです。弟子たちの間には、終末の日がいよいよやってくるという危機感が高まるのも無理ありません。ヘロデ王の迫害によって、ヨハネ教団のメンバーが各地に散らされた時、イエスは決意します。最後の瞬間が来るまでの間、エリヤ（洗礼のヨハネ）の意思に従って、すこしでも救われる人を増やしていこう、と。


ヨハネが捕えられた後、イエスはガリラヤに行き、神の福音を宣べ伝えて言われた。

「時は満ちた、神の国は近づいた。悔い改めて福音を信ぜよ。」

（マルコ福音書1：14〜15）


イエスはヨハネのことを群衆に語りはじめられた。

「あなたがたは、何を見に荒野に出てきたのか。…預言者を見るためか。あなたがたによく言っておく。女の産んだ者の中で、バプテスマのヨハネより大きい人物は起らなかった。しかし、天国で最も小さい者も、彼よりは大きい。

バプテスマのヨハネの時から今に至るまで、天国は激しく襲われている。そして激しく襲う者たちがそれを奪い取っている。すべての預言者と律法とが預言したのは、ヨハネの時までである。そして、もしあなたがたが受けいれることを望めば、この人こそは、きたるべきエリヤなのである。耳のある者は聞くがよい。」

（マタイ福音書11：7〜15）

当然、イエスの宣教の中身は、ヨハネの宣教を踏まえたものになります。ただし、神の国が本格的に近づくという緊急事態を目前に踏まえ、より一般の人々に即した形式で布教が進められたと考えられます。

聖アンデレ

聖アンデレは、イエスに直接声をかけられ弟子になった史上初のキリスト教徒（Protokletos）であると同時に、史上初めての伝道者（Ambassador）でもありました。

新約聖書は、聖アンデレが誰かをイエスに引き合わせるエピソードを3つ載せています。先ず、兄弟分であるシモン・ペテロをイエス・キリストの前に連れてきて、イエス・キリストの弟子にさせました（ヨハネ福音書1：40～42）。また、同郷のフィリポに相談を受け、ユダヤ人ではないギリシア人をイエス・キリストに引き合わせています。史上初の異邦人伝道とされています（ヨハネ福音書12：20～26）。3つ目は「5つのパンと2匹の魚」のエピソードです。大麦のパン5つと魚2匹をもつ少年をイエスに引き合わせました。これによって、5，000人もの人の食事が充分にまかなえたと伝えられています（ヨハネ福音書6：5～13）。

そんな聖アンデレですが、プロフィールの詳細は不明です。生没年は分かりません。

出身は、ベツサイダ（Bethsaida）という都市です。バプテスマのヨハネという高名な宗教家の弟子でもあり（マルコ福音書1：16、ヨハネ福音書1：35以下）、ヨハネにイエスが優れていると聞き、イエスの宿で語り明かし、イエスの最初の弟子になった人でもあります（ヨハネ福音書1：35以下）。

イエスが亡くなった後は北方の布教に努めました。歴史家のエウセビオスは、伝承として、聖アンデレは小アジア（今のトルコ）とスキタイ（黒海周辺）で伝道し、ロシアのヴォルガ川まで行ったと伝えています。例えば、ロシア原初年代記という1846年にロシア皇帝ニコライ1世の勅命によって編纂された年代記がありますが、この第1巻にロシアの起源が書かれており、冒頭、地理的な説明の直後に聖アンデレによるキエフの丘の祝福のエピソードが書かれています。

ドネプル川はポントス海（黒海）に河口を通って流れ込んでいるが、この黒海は「ルシ（ロシア）の海」と言われ、その海のほとりでペテロの兄弟聖アンデレが布教していた。人々が語ったところによれば、シノピア（シノペ、スィノプ。黒海南岸のヘレニズム都市。造船と商業の町として繁栄）で聖アンデレが布教をしていた。

聖アンデレがケルソネス（コルスニ。クリミア半島の南端にある古代ポリス）に来た。聖アンデレは、ケルソネスの近くにドネプル川の河口があることを知り、ローマへ向かうためにドネプル川の河口にやって来た。そこから彼はドネプル川を通って上流へ向かった。

ある山のふもとに至って留まった。翌朝彼は起きて、彼と共にいた弟子たちに「これらの山々が見えるか。これらの山々の上に神の恩寵を輝いているのを。ここに大きな町が興り、神が多くの教会を建立されるであろう」と語った。聖アンデレは、山に登ってこの地を祝福し、十字架を建てて神に祈った。そこには、後に、大都市キエフが興った。（中略）

聖アンデレはローマに滞在した後、シノピアに戻った。

（『ロシア原初年代記』第7節〜第9節）

こういった背景があるため、聖アンデレはルーマニアやロシアの守護聖人とされています。また、他にも聖アンデレはビザンティウムの最初の司教（初代のコンスタンティノープル総主教）とされています。

聖アンデレが亡くなったのは、ギリシアのパトラスです。ギリシア共和国第三の都市パトラのことで、南イタリアの（アッピア街道の南の終点の）都市ブリンディシ（ブルンディシウム）との間に船便が通っています。古代ギリシアのヘレニズム都市でもあり、ローマ時代は東地中海世界の国際都市・港湾都市として繁栄した場所です。聖アンデレは、ここで、邪教（キリスト教）布教という罪のために、処刑されました。処刑されるにあたっては、イエスと同じ形の十字架は畏れ多いという聖アンデレの主張が通り「X」型の十字架にかけられました。「X」の形を「聖アンデレの十字架（聖アンデレ・クロス）」というのは、そのためです。しかし、今では聖アンデレはギリシアの守護聖人でもあります。

それどころか聖アンデレという名前がもともとギリシア系だと言われます。「アンデレについてのまず印象的な特徴は、その名前です。アンデレという名前は、予想に反してヘブライ語ではなく、ギリシア語です。それはアンデレの家族がある意味で文化に開かれていたことを示す、無視できないしるしです。ガリラヤでは、ギリシア語とギリシア文化が豊かなしかたで存在していました」と指摘されています（ローマ教皇ベネディクト16世『使徒』84頁）。

聖アンデレはまた、スコットランドの守護聖人でもあります。伝説では8世紀に、レギュラスという修道士が、天使から啓示を受け、聖アンデレの遺骨の一部をもってスコットランドにやってきたそうです。その時、ちょうどスコットランドはイングランドと交戦中でしたが、スコットランド王ハンガスの夢の中に聖アンデレが現れ、勝利を約束したそうです。戦闘中に突然、聖アンデレの十字架（X）の形をした白雲が青空に浮かび上がり、スコットランド軍が勢いづいて、イングランド軍を撃破。それ以来、聖アンデレはスコットランドの守護聖人になりました。スコットランドの旗も、青空に浮かぶX型の白雲を描いています。

ローマ教会と東方教会では11月30日を聖アンデレの日としていますが、これはスコットランドのナショナル・デーでもあります。

聖アンデレは「キリスト教会のバック・ボーンであり、また、地の塩のような人」と表現されています（W・バークレー『イエスの弟子たち』新教新書の57頁）。聖アンデレは、まさに背骨・大黒柱として、12弟子の中では、教団運営の番頭（管理部門の責任者）を務めていたと考えられます。

聖アンデレが、教団の番頭（会社でいうCFO：Chief Financial Officer）を務めていたとすると、会計・出納を担当していたとされるユダも、聖アンデレが面倒を見ていたことになります。そして、管理部門のメンバーは、図1のような体制表になるでしょう。

聖フィリポ

聖フィリポは、12使徒の中では常に5番目に書かれている、初期からのイエスの弟子です。生没年は分かりません。

出身は、ベツサイダ（Bethsaida）というガリラヤ地方の町です。聖アンデレ、ペテロと同じ出身です（ヨハネ福音書1：44）。そして、聖フィリポ（現代読みでいうフィリップ）という名前は、「アンデレ」という名前と同様、典型的なギリシア的な名前の一つです。祝祭日は5月3日で、一般に、帽子屋とケーキ職人の守護聖人とされています。

イエスとの出会いは印象的です。ガリラヤに向かうイエスは、聖フィリポに

図1　イエス教団の管理部門体制表

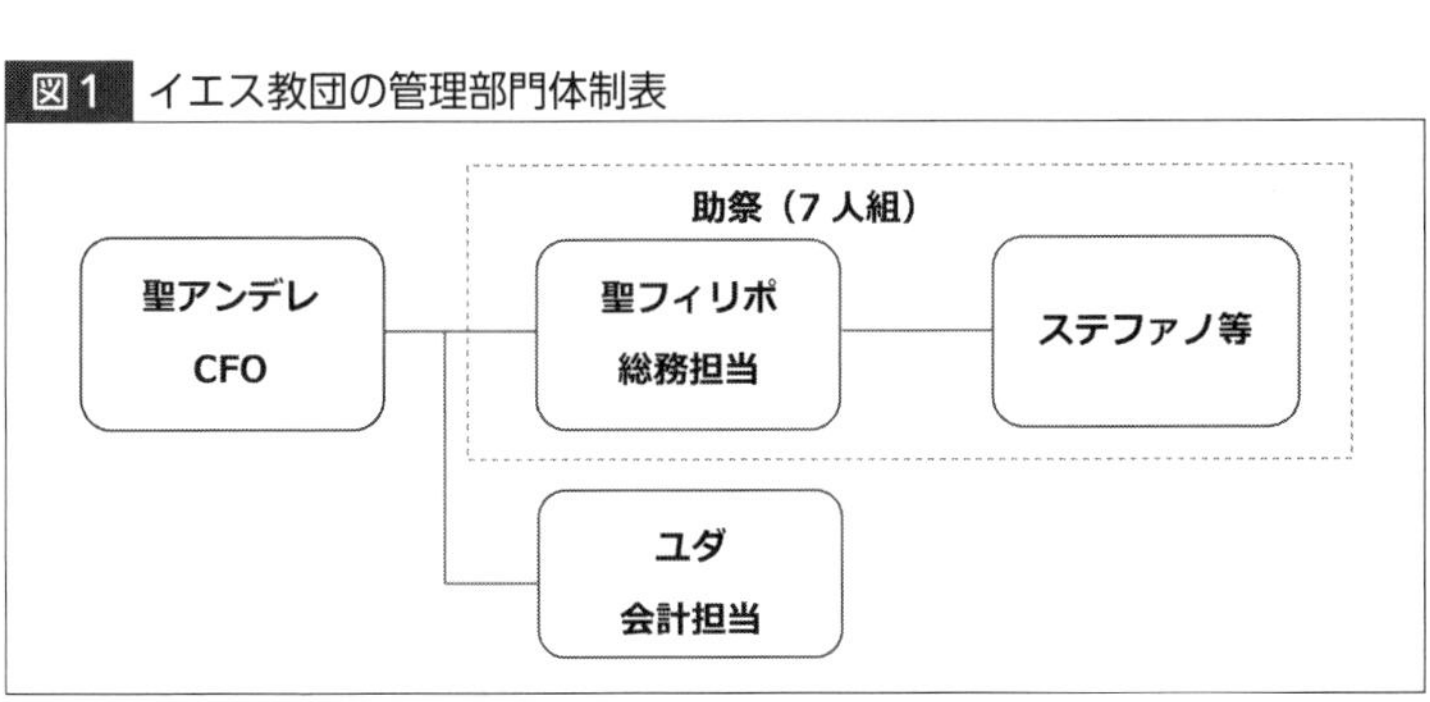

「付いてきなさい」と言います。感銘を受けた聖フィリポはナタナエルに「お前も来いよ。自分で見てみろ」と誘い、イエスのもとに連れて行きます（ヨハネ福音書1：43～47）。共感が、速いスピードで人の輪を広げていく様子が分かります。

イエスの教団の中では、主に総務的なことがらを、聖アンデレとともに担当していたと思われます。

イエスが亡くなった後は、ペテロたちと決別し、サマリア地域のカイサリア（カエサリア・マリティマ（海辺のカイサリア））に移住します。この場所は、いまは廃墟ですが、ローマ帝国時代は、ユダヤ属州の首都（ローマ総督と軍隊の駐屯地）として栄えました。パレスチナでは数少ない良港をもち、ユダヤ人・ギリシア人など他民族が混住して住んでいました。この町で弟子を育成し、4人の娘と暮らしました（使徒行伝8：5～13）。西暦49年頃には、第3次伝道旅行中のパウロも聖フィリポ邸に滞在しています（使徒行伝21：8～9）。

功績としては、サマリアとエチオピアへの伝道が挙げられます（使徒行伝8：26～39）。サマリアでの一番弟子はシモン（シモン・マグス）といい、グノーシス主義の開祖となりました。エチオピア伝道の弟子たちは、後にコプト教徒と言われるようになりました。

聖フィリポは87歳で、2人の娘とともに殉教したと言われています。処刑・埋葬されたのは、トルコ（小アジア）のヒエラポリスです。世界遺産のヒエラポリス・パムッカレ。ローマ帝国時代は温泉保養地として栄えたところです。ただ、4世紀から5世紀にかけて活躍した神学者ヒェロニムスは、カイサリアで聖フィリポの墓参りをしたとありますので、ヒエラポリスからカイサリアに遺骨などが移送されたのかも知れません。

なお、聖フィリポの人数という論点があります。実は、聖書には2種類の聖フィリポが出てきます。12使徒のひとりでアンデレの下で総務的な仕事に従事した人物と、使徒行伝にあるギリシア語を話す7人のひとりで、教団の総務・庶務の一部を務めた「助祭」（または輔祭）として知られる人物です（使徒行伝21：8）。300年頃にエウセビオスがまとめた『教会史』や、コプト教会、そして教父テルトゥリアヌスなど、初期のキリスト教では、この2種類のフィリポは同一人物として語られています。しかし、キリスト教の教義が確立してくるとともに、2種類のフィリポは別の人物と説明されるようになりました。例えば13世紀にウォラギネが記した『黄金伝説』では、別人説が取られています。本書では、初期の関係者同様に、同一人物であったことを前提とします。

では、なぜ、フィリポを2人にしたのでしょうか？　フィリポが1人では、何か困ることでもあるのでしょうか？　これは、聖フィリポとペテロが仲違いしたことを隠蔽したかったからだと思います。

イエス・キリストの使徒ペテロが、われらの愛する兄弟、われらの仲間のフィリポに、またあなたと共にいる兄弟たちに挨拶を送る。……
あなたは、私たちから離れており、私たちが一緒に集まることを欲せず、私たちが福音を宣教するためにどのような体制を組んだらよいのかを知ろうとしない。（フィリポに送ったペテロの手紙、第2節）

「12弟子が一枚岩であり、その中でもペテロが一番高い地位にあった」というストーリーにするために、12弟子が分裂したという事実を聖書から排除し、その作業の中で、「使徒である聖フィリポはペテロの仲間で、別人の助祭フィリポがペテロと喧嘩したのだ」という構成にしたものと推察されます。

本書で詳述はしませんが、聖フィリポの功績としては、宣教の外にも、イエスの死を、「神に対し、人類が、イエスを犠牲として捧げた行為」と捉えたことが挙げられるでしょう。いわゆる贖罪思想の発案者であり、イエスと聖パウロをつないだ人物と言えます。現在では忘れられがちですが、キリスト教やグノーシス主義の成立にあたって重要な役割を果たした人物であることは把握しておきましょう。

イスカリオテのユダ

イスカリオテのユダは、12使徒の一人です。聖書の記載では、12番目に出てきます。出身地などについての記載は、聖書にはなく、他の文書でも、まだ見つかっていません。

イエス教団の金庫番として、財貨を預かり、出納係をしていました（ヨハネ福音書13：29）。その意味で、聖アンデレの管理下にあったとみなして良いでしょう。

年齢は不詳で、イエスの処刑とほぼ同時に死亡しています。

イスカリオテのユダと言われますが、イスカリオテのシモンの子ユダという表記もあります。

イスカリオテのシモンの子ユダをさして言われたのである。（ヨハネ福音書6：71）

イスカリオテの意味については確定した解釈はありません。これを熱心党と解釈する説があります。その場合、12弟子のうち、概ね第10番目に出てくる「熱心党のシモン」（マルコ福音書3：18、マタイ福音書10：4、ルカ福音書6：15）と「イスカリオテのユダ」は親子で教団に入った可能性があります。ユダは、父親に付きしたがってイエス教団に入ったものの、年少で布教に出すほどではないので、聖アンデレ預かりとなり、管理部門の手伝いをしていたのかも知れません。

ユダについては、裏切り者という汚名がついて回ります。しかし、この点については、次のような指摘があります。

もともと、一般的に「裏切る」と訳されているギリシア語動詞paradidomiは、元来「(引き)渡す」の意である。

彼はイエスの弟子の一人であったにもかかわらず、何らかの理由で師を「裏切り」、彼をユダヤ当局に「引き渡した」ことの史実性は否定できない。これは成立しつつあるキリスト教にとって、抹消することのできない「負の遺産」であった。

ただし、最古のマルコ福音書では、ユダがイエスを「引き渡」そうとした理由については一切言及されていない。これをユダの「金銭欲」ゆえの「裏切り」とみたのは、マタイ、ルカ、ヨハネの各福音書であり、「サタン」の業とみたのはルカとヨハネであった。ユダの縊死あるいは転落死については、80〜90年代にマタイとルカが証言しているだけである。

イエスに対するユダの「裏切り」度合いは、最古のマルコ福音書から最新のヨハネ福音書に至るまで、それぞれの福音書の成立年代がくだるにしたがって濃くなっていて、ユダの「裏切り」に対するイエスの関わりにも変化が見られた。

イエスの死刑確定後にユダが不自然死を遂げたという伝承や、彼の死を裏切りの「罪」に対する神の裁きとみなす見解が成立したのは、成立しつつある正統的教会が、ユダの「罪」を赦さず、自らの「罪」をも彼に負わせて、彼を教会から追放しようとした結果ではないか。

(荒井献『ユダとは誰か』198、193〜194、141、204頁)

ユダに関する聖書の記載も不自然です。ユダがイエスを裏切った（ユダヤ教徒に引き渡した）方法は、イエスへのキスでした（マルコ福音書14：45、マタイ福音書26：49）。ユダの後には、大祭司連、聖書学者、長老のところから派遣された人々が剣や棍棒をもってついてきました（マルコ福音書14：43、マタイ福音書26：47、ヨハネ福音書18：3）。

ここで分かることは、イエスの廻りにすべての弟子が集まっていた訳ではないこと、そして、イエスたち一行を神殿関係者が探し回っていたこと、イエスたち一行は神殿関係者たちから隠れていた可能性があること、でしょう。また、その後についていても留意が必要です。

> 弟子たちは皆イエスを見捨てて逃げ去った。ときに、ある若者が身に亜麻布をまとって、イエスのあとについて行ったが、人々が彼をつかまえようとしたので、その亜麻布を捨てて、裸で逃げて行った。
> （マルコ福音書14：50～52）

その場にすべての弟子が集まっていたのではない以上、聖書のこの記載は、12弟子すべてのことではない、と分かります。「皆」とあるのは、せいぜい「その場にいた弟子たち」のことでしかなく、また、「その場にいた弟子たち全員」とは限らないのです。

さらに、その他にも留意点があります。いわゆるQ資料を伝承した集団には、イエスの近くにいた人物たちであるにも関わらず、そもそも受難についての認識の重要度が低い（ほぼ認識されていない可能性がある）ことから、そもそも受難物語自体が後世による脚色によるものである可能性が否定できません。ユダがイエスを裏切った情景が、仮に後世の追加とすると、聖書の他の部分でもしばしばみられる「旧約聖書のエピソードの焼き直し」の手法が使われている可能性があります。

イエスの父親は誰か？

イエスの実の父親は「パンテラ」という人物だったと言われています。まず、古代ユダヤ教の基礎文献であるタルムードは、キリスト教への鋭い批判を多岐にわたって展開していますが、この中に「イエス・ベン・パンテーラ」（パンテラの息子イエス）という表現がしばしば登場し、揶揄の対象になっています。

（彼は）スタダの息子だったのか、（むしろ）パンデラの息子（ではなかったか）。ラヴ・ヒスダは言った、夫（ba'al）がスタダであり、同棲者／愛人（bo'el）がパンデラであった。（しかし、）夫がパッポス・ベン・イェフダで、むしろ彼の母がスタダではなかったか。彼の母は［ミリアム］であった。彼女は（彼女の）女性たちの［髪を］長くのばさせていた。これは、彼らが彼女についてプンベディタで述べたことである。この女は、自分の夫に背を向けた（忠実でなかった）（satat da mi-ba'alah）。

（タルムードより。シャバット篇１０４ｂ（ミュンヘン写本95）。ペーター・シェーファー『タルムードのイエス』23頁）

なお、女性が髪を伸ばす行為は、タルムード内では、性に奔放であることの象徴として描かれています（シャバット篇１０４ｂ、サンヘドリン篇67ａ、エルビーン篇１００ｂなど）。母マリアが性に奔放な存在だ、というのがユダヤ教徒からキリスト教徒への攻撃の一つとして行われていたということです。また、「スタダ」とは、「正しい道から逸れる、迷い出る、不忠実になる」を意味するヘブライ語・アラム語のsatah/seteという言葉に由来するあだ名とされていたと言われています（ペーター・シェーファー『タルムードのイエス』24頁）。

次に、２～３世紀にかけて活躍した神学者で、キリスト教の「宗教としての発展」に大きな影響を与えた教父オリゲネスは、『ケルソスへの反駁』という本を著し、イエスは、マリアとパンテラの間に生まれた子だと言われていると書いています。

ここでわれわれは、再びかのユダヤ人の代弁の言葉に戻ろう。「イエスの母は、彼女の婚約者の大工から姦淫の咎めを受けて放逐され、パンテーラというひとりの兵士によって懐妊した」と記されている。

（オリゲネス『ケルソス駁論Ｉ』39頁）

さて、このパンテラが誰かは、正直、よく分かっていません。

有力な説としては、１８５９年に鉄道工事の際にドイツで発掘された墓石の主と考えられています。

（墓碑銘）
シドンのティベリウス・ユリウス・アブデス・パンテラ
享年62歳
40年間軍務に服した弓兵第一コホルスの兵士、ここに眠る

レバノン出身で、40年にわたりローマの兵士として働いたために、ローマ市民権が与えられたと考えられ、それがティベリウス帝治下だったのでティベリウス・ユリウスというローマ人の名を授かったと推定されています。パンテラはフェニキアのシドン出身とされ、また彼が弓兵第一コホルス（歩兵隊）に所属していたことから、マリアがイエスを身籠もった時期に、ユダヤの土地で占領軍として勤務していたことが分かります。

ここから推定される話は、以下のようなものです。

●ローマ軍（占領軍）としてサマリア地域またはユダヤ地域に駐屯していたパンテラは、地元の若い女性マリア（16歳前後）と交際し、妊娠させます。ただ、マリアは、地元の30～40歳代の男性ヨセフとの結婚が決まっており、むりやり二人は引き裂かれます。

●パンテラは、その後、ゲルマン地域（ドイツ）での辺境警備に従事して、そこで一生を終えます。

●ヨセフは、一旦はマリアとの婚姻を破棄しようと考えますが、悩んだ結果、逆に「聖霊からの授かりもの」と考えなおしてイエスの父親となることを引き受けます。マリアはイエスを産んだ後は、ヨセフとの間に4人の兄弟（ヤコブ、ヨセ、ユダ、シモン）と何人かの姉妹を産みます。ヨセフは、自分の子息として、また後継者としてイエスに仕事を教え、引き継いでいきます。

もちろん、この推論が正しいかどうかは確認しようがありません。ただ、こう見ていくと、人間としてのイエスの表情が見えてくるように思います。

イエスは、なぜ出奔したのか？

イエスが母親に対しある期間、拒絶反応を示していることから、幼いころは信頼をしており、一定の年齢以上になってから反発や拒絶の原因が生じたものと考えられます。また、共観福音書に記されたイエス言行録も、せいぜい2～3年分しかありません。

推測ですが、ヨセフが亡くなったので、ナザレから出奔し、洗礼のヨハネの下での修行に入ったのではないでしょうか。

細かい事情は、分かりません。まず、イエスが自身がヨセフと血のつながりがないと知らなかった場合には、ヨセフの葬儀の際に親戚や近所の方々から話を聞いてしまい、自分だけが純粋なユダヤ人ではない（つまり、自分は、モーセの律法では、ユダヤ教の神からは救済されない）と知って絶望した可能性があります。他方、イエス自身がヨセフと血のつながりがないと分かっていた場合、イエスは、生前のヨセフと話し合ったことがあったことでしょう。母マリアや兄弟と一緒にいる時に話をするのは難しくても、工事現場のある大都市セッフォリスへの道中や作業の合間などに話し合うことはできたはずです。ヨセフは、ローマ兵の子を身ごもったマリアを妻として受け容れ、その後もマリアとの間に（沢山）の子宝に恵まれた人物です。また、建築・土木事業の仕事を通じてイエスがリーダーシップを育んだ際に模範となった人物と考えられます。「お前を俺が守ってやる」とヨセフはイエスに誓い、安心させてあげていたのかも知れません。そのヨセフが先に死んでしまったことで、イエスは「自分を守ってくれる存在がなくなった」と思って絶望したのでしょうか。

洗礼のヨハネの下に行ったのは、ヨハネが大祭司の家系の出身者でありながら現在は人々の真の救済のために活動していること、純血のユダヤ人以外も洗礼によって浄められるとして多くの人を救済していることを知り、「ここでなら救われるかも知れない」と一縷の希望をつないだためと思われます。

イエスと、その兄弟の関係性はどのようなものだったか？

イエスが、初めて故郷のナザレで説法した時のエピソードに、兄弟の名前が出てきます。

> この人は、マリアのむすこで、ヤコブ、ヨセ、ユダ、シモンの兄弟ではないか。またその姉妹たちも、ここに私たちと一緒にいる、あのイエスではないか。（マルコ福音書6：3）

ここに出てくるヤコブが、初期のキリスト教団の指導者になり、「義人ヤコブ」としてユダヤ人たちにも一目置かれる存在だった人物になります。

彼ら兄弟との関係がどうだったかは、資料がないため、分かりません。

しかし、ヤコブが義人と呼ばれてユダヤ人たちからも一定の尊敬を勝ち得たことを鑑みるに、敬虔なユダヤ教徒で、家族を挙げて律法を守っていたことが見て取れます。他方で、出奔した兄を連れ戻そうと母と一緒に説法場所を訪ねていることや、敬虔なユダヤ教徒であれば責任を負わなくてもよいはずであるにも関わらずイエス死後のイエス教団の面倒を見たことを鑑みると、イエスを心から慕っていたように見て取れます。当然、イエスも、弟たち、妹たちを信頼し、可愛がっていたことでしょう。

イエスと母マリアとの関係はどう変化したか？

イエスと、母マリアとの関係は、聖書の中でも明らかに変化したように描かれています。

布教の初期段階において、イエスは「家族」を敵視しています（マタイ福音書10：34～38）。実際に、母マリアや兄弟とは距離を置いていました。

イエスがまだ群衆に話しておられるとき、その母と兄弟たちとが、イエスに話そうと思って外に立っていた。

それで、ある人がイエスに言った。

「ごらんなさい。あなたの母上と兄弟がたが、あなたに話そうと思って、外に立っておられます。」

イエスは知らせてくれた者に答えて言われた。

「私の母とは、だれのことか。私の兄弟とは、だれのことか。」

そして、弟子たちの方に手をさし伸べて言われた。

「ごらんなさい。ここに私の母、私の兄弟がいる。天にいます私の父のみこころを行う者はだれでも、私の兄弟、また姉妹、また母なのである。」


（マタイ福音書12・46〜50）

母親や兄弟は、詭弁を弄してでも避けたい存在だったとわかります。イエスが敬虔なユダヤ人であったならば、母親を許せなかったこと、そして兄弟たちと距離を置きたい気持ちは想像に難くありません。自分が、父親と信じていたヨセフや兄弟たちとは異なって、本当の父親が非ユダヤ人、特にユダヤ人を冷酷に支配したローマ帝国の兵士というのですから。

変化のきっかけは「カナの婚礼」でしょう。イエスが最初の奇跡を起こした場所です。当初は母マリアによそよそしく接していたものの、婚礼後は幾日か一緒に過ごしています。この婚礼が母子の和解のきっかけだったと見て取れます。


三日目にガリラヤのカナに婚礼があって、イエスの母がそこにいた。イエスも弟子たちも、その婚礼に招かれた。ぶどう酒がなくなったので、母はイエスに言った。

「ぶどう酒がなくなってしまいました。」

イエスは母マリアに向かって言われた。

「ご婦人よ。あなたは、私と、なんの係わりがありますか。私の時は、まだきていません」。

母は召使たちに言った。

「この方が、あなたがたに言いつけることは、なんでもしてあげて下さい。」

そこには、ユダヤ人の清めのならわしに従って、それぞれ80〜120リットルもはいる石の水がめが6

つ置いてあった。イエスが彼らに「かめに水をいっぱい入れなさい」と言われたので、彼らは口のところまでいっぱいに入れた。そこで彼らに言われた。

「さあ、これを酌んで、料理長のところに持って行きなさい。」

召使たちは料理長のところに水がめを運んで行った。料理長は、ぶどう酒になった水をなめてみたが、それがどこからきたのか知らなかったので、花婿を呼んだ。

「どんな人でも、初めによいぶどう酒を出して、酔いがまわったころに悪いのを出すものだ。それだのに、あなたはよいぶどう酒を今までとっておかれました。」

イエスは、この最初のしるしをガリラヤのカナで行い、その栄光を現された。そして弟子たちはイエスを信じた。その後、イエスは、その母、兄弟たち、弟子たちと一緒に、カペナウムに下って、幾日かそこにとどまられた。

（ヨハネ福音書2：1～12）


イエスの死と復活の際は、母マリアは、（イエスの妻と言われる）マグダラのマリア、（実妹の「クロパの妻マリア」と同一人物と言われる）マリア・サロメとともにイエスを見守っています。強い絆を確認することができますね。


イエスは声高く叫んで、ついに息をひきとられた。そのとき、神殿の幕が上から下まで真二つに裂けた。遠くの方から見ている女たちがいた。その中には、マグダラのマリア、小ヤコブとヨセとの母マリア、またサロメがいた。彼らはイエスがガリラヤにおられたとき、そのあとに従って仕えた女たちであった。

（マルコ福音書15：37～41）


安息日が終ったので、マグダラのマリアとヤコブの母マリアとサロメとが、行ってイエスに塗るために、香料を買い求めた。そして週の初めの日に、早朝、日の出のころ墓に行った。墓の中にはいると、右手に真白な長い衣を着た若者がすわっているのを見て、非常に驚いた。するとこの若者は言った。

「驚くことはない。あなたがたは十字架につけられたナザレ人イエスを捜しているのであろうが、イエスはよみがえって、ここにはおられない。ごらんなさい、ここがお納めした場所である。」

女たちはおののき恐れながら、墓から出て逃げ去った。

（マルコ福音書16：1～8）


母マリアと、妻と言われるマグダラのマリアとが常に一緒にいることにも注目です。母娘の仲の良さや絆が感じられます。こう考えると、カナの婚礼とは、イエス自身の結婚式とみるのが妥当かも知れません。イエス自身が恋愛結婚に至ったからこそ、自己の恋愛に忠実に生きようとした母親の恋愛・妊娠について寛容になることができた、とは考えられないでしょうか。

母マリアはユダヤ社会でどのように評価されたのか？

「不品行」は、イエスが、同時代人からバカにされた際に使われた理屈です。


ファリサイ派のユダヤ人がイエスに向かって言った。

「私たちは、不品行の結果うまれた者ではない。」

（ヨハネ福音書8：41）


イエスのことを、不品行で産まれた人間と罵っているわけですから、マリアに不品行があったという指摘と読むことができるでしょう。実際、２世紀に活躍したラテン教父テルトゥリアヌスも、こう書いています。


これが彼だ、私は言おう。

大工の、あるいは娼婦の息子、

安息日の破壊者、サマリア人にして悪霊憑き！　（テルトゥリアヌス『見世物について』第30章）

タルムードでも、この観点からも、たびたびイエスは揶揄されています。

「あなたの幕屋には患い（nega'）も近づかない」（詩編91：10）とは、あなたがナザレ人イエス（Yeshu ha-Notzri）のような、公に自分の料理／皿を台無しにする（maqdiah tavshilo）息子や弟子を持つことがないということである。（タルムードより。サンヘドリン篇１０３a）

聖書外典であるニコデモ福音書にも、次のようなシーンがあります。

ユダヤ人の長老達がイエスに言う。
「だいたいがお前は不倫の関係から生まれたのではないか。…お前の父親のヨセフと母親のマリアとは…民の中で日陰者だったからだ。」　（ニコデモ福音書２：３）

実際、ユダヤ教からキリスト教に対する重要な批判の一つはイエス個人の資質に向けられてきました。イエスは未婚の母（または売春婦）とその愛人の息子であるから、ダビデ家系のメシアになれるはずはなく、いわんや神の息子であるはずもない、というのです。

この点で、イエスの神性を打ち出すために、聖書に見られる人為的操作の痕跡を2つほど追ってみましょう。

（1）イエスを家族が呼び戻しに来る場面

後述するヘレニスタイの立場で書かれたマルコ福音書と、その後、ヘブライオイの立場で書かれたマタイ福音書の記載の違いを見てみましょう。

■マルコ福音書（6：3）

これはあの大工ではないか。マリアの息子で、ヤコブとヨセとユダとシモンとの兄弟ではないか。女兄弟たちは、ここで、私たちの所に住んでいるではないか。

■マタイ福音書（13：55〜56）

これはあの大工**の息子**ではないか。母はマリアで、兄弟はヤコブとヨセフとシモンとユダではないか。女兄弟たちは、みんな私たちの所に住んでいるではないか。

マルコ福音書においては、大工はイエス本人です。イエスの父親については何も語っていません。他方で、マタイ福音書の方は、「の息子」という表現を挿入することで、大工はヨセフとなり、イエスが「ヨセフの真正な息子として近隣住民に認識されていた」というニュアンスを出していることが分かります。

(2) イエスの系図

アブラハムはイサクの父であり、イサクはヤコブの父、ヤコブはユダとその兄弟たちとの父、ユダはタマルによるパレスとザラとの父、パレスはエスロンの父、エスロンはアラムの父、アラムはアミナダブの父、アミナダブはナアソンの父、ナアソンはサルモンの父、サルモンはラハブによるボアズの父、ボアズはルツによるオベデの父、オベデはエッサイの父、エッサイはダビデ王の父であった。ダビデはウリヤの妻によるソロモンの父であり、ソロモンはレハベアムの父、レハベアムはアビヤの父、アビヤはアサの父、アサはヨサパテの父、ヨサパテはヨラムの父、ヨラムはウジヤの父、ウジヤはヨタムの父、ヨタムはアハズの父、アハズはヒゼキヤの父、ヒゼキヤはマナセの父、マナセはアモンの父、アモンはヨシヤの父、ヨシヤはバビロンへ移されたころ、エコニヤとその兄弟たちとの父となった。バビロンへ移されたのち、エコニヤはサラテルの父となった。サラテルはゾロバベルの父、ゾロバベルはアビウデの父、アビウデはエリヤキムの父、エリヤキムはアゾルの父、アゾルはサドクの父、サドクはアキムの父、アキムはエリウデの父、エリウデはエレアザルの父、エレアザルはマタンの父、マタンはヤコブの父、ヤコブはマリアの夫ヨセフの父であった。
このマリアからキリストといわれるイエスがお生れになった。（マタイ福音書1：2～16）

もっとも、この直後にイエスがヨセフの血を継いだ息子で無いことが明らかにされます。この結果、イエスをダビデ王の直系であるという説明はできなくなっています。しかし、そうであれば、そもそも、このような系図を示す狙いはどこにあったのでしょうか？また系図の中に、旧約聖書に出てくるタマル、ラハブ、ルツ、ウリヤの妻（バテ・シェバ）を書く必要はあったのでしょうか？　いずれも不品行な行為をした女性、またはそのたぐいの女性とみなされている人々です。それを祖先として名前を出すことで、イエスの評判や権威が下がったりはしないのでしょうか？　こういった疑問が湧いてきます。

あくまで仮説ですが、イエスは、母マリアが結婚前に妊娠しているため一般のユダヤ人からは「不品行」（結婚していない男女間での子づくり）による出生とみられています。これをマタイ福音書の作者は逆手に取って系図を示したようにも思われます。イエスが一般民よりもダビデに近いことを示しつつ、ダビデの系譜の中にも「不品行」な存在はあり、何も恥じることではないというメッセージを打ち出したのではないでしょうか。

イエスに妻はいたのか

イエスに妻がいたかという論点があります。ここでは「いた」という前提で話を進めます。

というのも、イエスたちの生きていた当時は、成人であっても結婚しない場合は、一人前の社会人と見做されず、批判の対象になりました。イエスは、生前さまざまな批判を浴びていますが、この点については批判されていません。このことから、結婚していた可能性が高い（すなわち、後代の人間が、配偶者のみ消して伝承した）と考えられます。

また、初期の文書『フィリポによる福音書』という、ヴァレンティヌス派キリスト教徒が伝えていた文書には、マグダラのマリアがイエスの妻（伴侶）と明記されています。

三人の者たちがいつも主とともに歩んでいた。それは彼の母マリアと彼女の姉（妹）と彼の伴侶と呼ばれていたマグダレネーであった。なぜなら、彼の姉（妹）と彼の母と彼の同伴者はそれぞれマリア（という名前）だからである。
キリストの同伴者はマグダラのマリアである。主はマリアをすべての弟子たちよりも愛していた。そして彼（主）は彼女の口にしばしば接吻した。（フィリポによる福音書、第32節および第55節a、b）

マグダラのマリアの生没年は分かりません。

出身は、その名の通りマグダラ（Magdala）と思われます。ガリラヤ湖畔の都市で、今のミグダル（Migdal）と言われています。ミグダル・ヌナヤ（「魚の塔」の意味）や、タリケイア（ギリシャ語で「塩漬けの（魚）

肉」の意味）と表現されることもあります。

姉にマルタ、弟にラザロがいたとされています。（ヨハネ福音書11：1、11：5）

聖書では、イエスの死と復活を見届けた証人として描かれています。この点を重視した人々（グノーシス主義者や、アッシジのフランチェスコを創始者とするフランチェスコ会という托鉢修道会など）は、マグダラのマリアを特に崇敬しています。

イエスとの出会いは、いわゆる「マリアとマルタ」の話として知られている話です。お互いに一目ぼれだったのかも知れません。ヨハネ福音書の記載は、二人の出会いを描いたほほえましい話だったように見受けられます。【　】内を補足しながら読んでみましょう。

ある村で、マルタがイエス一行を自分の家に迎えたところ、マリアという妹が、イエスの足もとに座って、その言葉を聞いていた。マルタは、大勢のための食事の支度で大わらわだったので、【なんどもマリアに手伝うように言ったが、マリアは、またすぐイエスのそばに座ってしまう。たまりかねて】マルタは、イエスに「マリアにも手伝うように言ってやってくださいよ」と声をかけた。

これに対し、イエスは答えた。

「マルタ、マルタ。あなたは、いっぺんに沢山のことを気にかけていますが、マリアは最も大事なことだけに集中しているのです。マリアから取り上げないで下さい。【姉さん、大目に見てあげてください。マリアは僕のそばにいたいし、僕もマリアにいてほしいのです。】」

（ヨハネ福音書10：38～42。一部表現を補足）

イエスの結婚は、先述の「カナの結婚」（ヨハネ福音書2：1～12）の話です。母マリアとも和解するきっかけとなった、楽しく明るい奇跡が起きたとされるエピソードです。

結婚後、マグダラのマリアは、イエスの旅に同行するようになります（ルカ福音書8：1～3）。他方で、イエスとの熱愛ぶりにあてられた弟子たちには、寂しい思いをした者もいたようです。

> キリストの同伴者はマグダラのマリアである。主はマリアをすべての弟子たちよりも愛していた。そして彼（主）は彼女の口にしばしば接吻した。他の弟子たちは、彼がマリアを愛しているのを見た。彼らは彼（主）に言った。
> 「あなたはなぜ、私たちすべてよりも彼女を愛されるのですか。」
> キリストは答えた。
> 「なぜ、私は君たちを彼女のように愛さないのだろうか。」　（フィリポによる福音書、第55節b）

イエスの神殿との対決にあたっては、後顧に憂いがないように万端の準備をしつつ、すべてを見届け、添い遂げようとしました。

（1）「ナルドの香油」のエピソード

イエスたちが食事をしていると、マグダラのマリアが、高価な香油が入れてある石膏のつぼを持ってきて、食卓のイエスの頭に香油を注ぎかけ、足にぬり、自分の髪の毛でそれを拭いたため、香油の香りが家にいっぱいに広がったというものです（マルコ福音書14：3～9、マタイ福音書26：6～13、ヨハネ福音書12：1～8）。

このナルドというのは、おみなえし科の宿根草のことです。漢方でいう甘松香（かんしょうこう）。香料としては古くから知られており、王宮でも香料として使われていました。

王がその席に着かれたとき、私のナルドはその香りを放った。（ソロモンの雅歌1：12）

あなたの産み出す物は、もろもろの良き実をもつ柘榴の園、ヘンナおよびナルド、サフラン、菖蒲、肉桂、さまざまの乳香の木、没薬、ロカイ、およびすべての尊い香料です。（ソロモンの雅歌4：13～14）

この行動の意味について、イエスの認識を確認しましょう。

イエスは言われた。
「彼女のするがままにさせておきなさい。なぜ彼女を困らせようとするのか。私によい事をしてくれたのだ。彼女はできる限りのことをしたのだ。
そう、私のからだに油を注いで、あらかじめ葬式の用意をしてくれたのだ。
よく聞きなさい。全世界のどこででも、福音が宣べ伝えられる所では、彼女のしたことも記念として語られるであろう。」（マルコ福音書14：6～9）

マグダラのマリアが、生きているイエスに対し、出来る限りの（とっておきの）葬式の用意をはじめたことについて、イエス本人は前向きに感謝の念をもって受け止めていることが分かります。

これは、イエスが、死ぬ覚悟をもってエルサレムに乗り込んでいくことが示された場面であり、神殿との対決を迎える直前のできごとです。マグダラのマリアの念頭には、旧約聖書のエピソードがあったことでしょう。神殿の位置づけを巡ってモーセと対立して敗れた者たち（ダダン、アビラムとコラの一族）は、悲惨な最期を迎えています。


ダタンとアビラムは、妻、子、および幼児と一緒に出て、天幕の入口に立った。

モーセは言った。

「あなたがたは主がこれらのすべての事をさせるために、私をつかわされたこと、また私が、これを自分の心にしたがって行うものでないことを、次のことによって知るだろう。すなわち、もしこれらの人々が、普通の死に方で死に、普通の運命に会うのであれば、主が私をつかわされたのではない。しかし、主が新しい事をされ、地が口を開いて、これらの人々と、それに属する者とを、ことごとく呑みつくして、生きながら冥府に下らせられるならば、あなたがたはこれらの人々が、主を侮ったのであることを知らなければならない。」

モーセが、こう述べ終わったとき、彼らの下の土地が裂け、地は口を開いて、ダタン、アビラムとその家族、ならびにコラに属するすべての人々と、すべての所有物を呑みつくした。彼らと、彼らに属するものは、みな生きながら冥府に下り、地はその上を閉じふさいで、彼らは会衆のうちから、断ち滅ぼされた。

この時、その周囲にいたイスラエルの人々は、みな彼らの叫びを聞き、「恐らく地は私たちをも、呑みつくすであろう」と逃げ惑った。

また主のもとから火が出て、薫香を供えた二百五十人をも焼きつくした。

（民数記16：26～35）


マグダラのマリアは、イエスが死ぬ覚悟でエルサレムに乗り込もうとしていること、イエスの計画が失敗した場合、イエスは死んでしまい、その亡骸さえ、どうなるか分からないことを覚悟していたのでしょう。その中には、ダダン、アビラムに従った者と同様、自分たちも亡くなることも覚悟の上だったことでしょう。だからこそ「明日、乗り込む」というタイミングで、イエスと神殿との対決の前に、何があっても看取る覚悟（または自分も冥府に落ちていく覚悟）で、泣きながらイエスの弔いの準備をしたのではないでしょうか？

イエスの葬式を自分なりに全うすることは、マグダラのマリア自身にとっても、自分の危険を顧みず、なにがあってもイエスの戦いに従っていくための覚悟を決める行為だったと思われます。

(2) 死と復活の証人として

マグダラのマリアの覚悟は、イエスが死に、そして復活するまでの彼女の立ち位置にも表れています。マグダラのマリアは、イエスの身に起きたことを粛々と看取っていきます。

①イエスの磔刑の立会人として

マグダラのマリアは、イエスの母マリア、その妹のマリアとともに見ていました。(マルコ福音書15：40～41、マタイ福音書27：55～56、ルカ福音書23：49、ヨハネ福音書19：25)

遠くの方から見ている女たちもいた。その中には、マグダラのマリア、小ヤコブとヨセとの母マリア、またサロメがいた。彼らはイエスがガリラヤにおられたとき、そのあとに従って仕えた女たちであった。なおそのほか、イエスと共にエルサレムに上ってきた多くの女たちもいた。(マルコ福音書15：40～41)

②イエスの埋葬の立会人として

マグダラのマリアは、イエスの母マリアとともに見届けました。(マルコ福音書15：47、マタイ福音書27：61、ルカ福音書23：55。)

マグダラのマリアとヨセの母マリアとは、イエスが納められた場所を見とどけた。(マルコ福音書15：47)

③イエスの復活の証人として

マグダラのマリアは、少なくともイエスの母マリアとともに復活に立ち会いました。そして、その復活を弟子たちに告げに行く役割も担いました（マルコ福音書16：1～11、マタイ福音書28：1～10、ルカ福音書24：1～11、ヨハネ福音書20：1～18）。

> 安息日が終ったので、マグダラのマリアとヤコブの母マリアとサロメとが、行ってイエスに塗るために、香料を買い求めた。そして週の初めの日に、早朝、日の出のころ墓に行った。墓の中にはいると、右手に真白な長い衣を着た若者がすわっているのを見て、非常に驚いた。（マルコ福音書16：1～5）

> 週の初めの日の朝早く、イエスはよみがえって、まずマグダラのマリアに御自身をあらわされた。イエスは以前に、この女から七つの悪霊を追い出されたことがある。マリアは、イエスと一緒にいた人々が泣き悲しんでいる所に行って、それを知らせた。（マルコ福音書16：9～10）

マグダラのマリアが、磔刑の時も復活の時もイエス・キリストを看取り見守り、そばにいて奇跡を体験した稀有な人物だということが分かります。この間、ペテロが逃げ惑い、イエスのことを「知らない」「仲間ではない」と嘘をつき続けた（マルコ福音書14：52，66～71、マタイ福音書26：29～74、ルカ福音書22：56～60、ヨハネ福音書18：25～27）ことと好対照をなしています。

そして、イエスのそばにい続けたマグダラのマリアが、イエスにとって特別な存在であったことは論を待たないと思われます。

イエスに子はいたか？

イエスに子がいたかは分かりません。ただし、フランスには、アレキサンドリア経由で南フランスのサント＝マリー＝ド＝ラ＝メール（「海の聖マリア」の意味）に、マグダラのマリアが、イエスとの間に生まれた娘とともに行きついた、という伝説があります。

なぜ、マグダラのマリアの評価は長らく低かったのか？

マグダラのマリアは、東方教会（いわゆる「正教会」）においては「亜使徒」（使徒と同等の働きをした者）と呼ばれ、崇敬対象とされてきました。

これに対し、西方教会（カソリックやプロテスタントなど）では、マグダラのマリアは、ながらく不当に不遇な待遇を受けてきました。この不当な評価は、本人というよりは、イエス、そして聖母マリアに起因すると考えた方が良いようです。

使徒行伝に示されたキリスト者たるべき4つの条件というものがあります。

> 聖霊と私たちとは、次の必要事項のほかは、どんな負担をも、あなたがたに負わせないことに決めた。それは、偶像に供えたものと、血と、絞め殺したものと、不品行とを、避けるということである。これらのものから遠ざかっておれば、それでよろしい。
> （使徒行伝15：28～29）

問題は「不品行」です。ローマ兵士と駆け落ちした母マリアと、その子で混血児であるイエスは、性的秩序を乱したという意味で「不品行」の象徴です。しかし、イエス死後に教団を引き継いだ原始教会は、イエスを不品行としたくないため「処女懐胎」という手法を生み出し、この問題を解決しようとしました。それでも「母マリア」そして「イエス本人」に対しての、ユダヤ人からの「不品行」という非難はなくなりません。

この解決を図ったのが、ローマ教皇グレゴリウス1世（在位590〜604）です。政治家からローマ教皇に転身して活躍した人物ですが、彼は、就任早々（591年）に、ベタニアのマリア、マグダラのマリア、そして「罪深い女」（ルカ福音書7：36〜50）が同一人物で、元・娼婦であるという汚名を着せました。この認識が、西ヨーロッパで広まっていきます。

マグダレナのほうは、金はありあまるほどあったし、金に色はつきものというわけで、自分の美貌と富を善用しない手はないとばかりに肉欲三昧の生活に身をもちくずしたので、世間からほんとうの名前をよんでもらえず、〈罪の女〉としか言われないようになった。

（ヤコブ・デ・ウォラギネ『黄金伝説II』476頁）

「元・娼婦にして、イエスに最も愛された、改悛の女性」というコンセプトは、文芸や絵画・彫刻などの分野で芸術家を大いに刺激し、マグダラのマリアは、この形で人びとに知られていきました。

幸福にして、幸運にあふれた女性。
かつては偽りの快楽のとりことなり、飽きるほど満足していた。
そこにおいて、地上の愛で他人を喜ばせ、
さらに、魂をそそのかす者は、淫らな女となるだろう。

（G・B・マリーノ「ティッツィアーノのマグダラのマリア」より）

このように母マリアへの批判をマグダラのマリアに向ける「操作」の結果、イエスや聖母マリアの聖性と慈愛が際立つとともに、マグダラのマリアとイエスの夫婦関係を表面上「消す」ことができました。教会関係者にとっては都合が良かったことでしょう。逆に言えば、濡れ衣のように汚名を着せられたことこそ、不品行の象徴と非難を浴びてきた母マリアやイエスと、マグダラのマリアとの近しい関係を示すものと言えるのかも知れません。

しかし、仮にマグダラのマリアが過去に「罪ある女」だったとしても、それは問題なのでしょうか。ペテロはイエスを裏切って逃げましたし、パウロは元々キリスト教の迫害者でイエスの弟子ステファノの殺害メンバーの一員でした。大切なことは「罪を犯さない」ことではなく「真摯な改悛。キリストへの信仰（または愛）」にあると考えるならば、イエスの死後に聖霊によってペテロや聖パウロは赦されたものとみなしつつ、他方で、生前のイエスに現に救いを与えられたマグダラのマリアを長きにわたって貶め続けたカソリック教会等の態度は、まったく是認できないものと言わざるを得ません。（逆説的に「イエスの妻」に不品行の疑いをかけることについて、やましさを感じていたとも言えるかも知れませんが。）

なお、カソリック教会は、２０１６年になり、ローマ教皇フランシスコが「マグダラの聖マリアの祭儀が、今後は現在の記念日ではなく祝日（festum）の等級で一般ローマ暦に記入されるべき」と認めました（２０１６年6月3日典礼秘跡省教令Prot. N. 257/16）。これにより、（すでに流布したイメージは払拭し得ないところでもありますが、）マグダラのマリアは使徒と同様の扱いに公式には復権しています。

第2章　リーダーとマネージャー　~イエスと聖アンデレの場合

第1節　組織を動かすもの

組織は、なぜ必要なのか？

「組織とは、価格システムがうまく働かないような状況の下で集団的行動の利点を実現するための手段である」（ケネス・J・アロー。ノーベル経済学賞を受賞した経済学者）（アロー『組織の限界』52頁）と言われます。組織は、一人ではできないことをするために、みんなの力を結集する場所だということです。

では、なぜ、人々は結集するのでしょうか？　それは、共感しあうからです。

どの企業にも、活動の目的があります。例えばGoogle社のミッションを検索すると、「できる限り多くの人々の生活を大幅に改善することに尽くす」（Committed to significantly improving the lives of as many people as possible.）と出てきます。こういった企業の目的は、従来から、存在意義（レゾンデートル）やコミットメントなどとして語られてきました。昨今では、これを従業員の行動指針にまで落とし込むためにMVV（ミッション、ビジョン、バリュー）という整理手法も登場し一般化してきました。〔図2〕

大切なことは、このミッション（企業の存在意義）が、バリュー（従業員一人一人の行動指針）まで貫徹していることです。多くの企業は、この点で挫折します。

リーダーとマネージャー

ミッションを打ち出すのはリーダーの仕事です。他方で、それをビジョンやバリューに落とし込むことは、リーダーには出来ないことが多いようです。それは、マネージャーの仕事だからです。

スポーツチームでいえば、リーダーは監督、マネージャーはフロントになぞらえることができます。舞台演劇でいえば、リーダーの脚本家兼演出家で、マネージャーは舞台監督です。演出家は、「こういう舞台を作りたい！」と夢を語り、脚本を書き、役者に指示します。他方で、舞台監督は、演出家の夢を実現させるために、美術・照明・音響などの総責任者として、裏方をまとめ上げます。演出家と舞台監督が連携することで、素晴らしい演劇が成立します。

マネージャーは、リーダーのビジョンを実現させる人物です。リーダーはビジョン示し、人々を次の時代に導こうとします。し

図2　ミッション、ビジョン、バリュー

M	ミッション Mission	自分たち（組織、団体）が社会に対して「すべきこと」 いわゆる「使命」や「存在意義」。 なぜこの組織・団体が存在するのか、社会にどのような価値を体現するのかなどを言語化。
V	Vision ビジョン	企業・組織が目指す「あるべき姿」 企業・組織の理想像や長期的目標。 ミッションを実現する具体的なイメージを明確化。
V	Value バリュー	企業・組織の構成員が具体的に「やるべきこと」 ミッションやビジョンを達成するための具体的な指針・基準。 従業員一人一人の行動指針、価値基準を明示。

かし、ビジョンだけで動くとは限りません。やはり計画や仲間が必要となります。マネージャーは、リーダーのビジョンを計画に落とし込み、計画を実現し成果を上げるための活動と、メンバーが調和を保って活動するための組織活動を両立させる要となる人物です。

あらゆるマネージャーに共通の仕事は5つである。
①目標を設定する。
②組織する。
③動機づけとコミュニケーションを図る。
④評価測定する。
⑤人材を開発する。
（P・F・ドラッカー『マネジメント（エッセンシャル版）』129頁）

マネージャーは、リーダーの意思を踏まえ、リーダーのビジョンを実現するための目標を設定し、その実現のための課題を抽出して、期限を設定し、計画を立てます。そして、その計画を実現させる責任を負います。

マネージャーは、目標と現状との差異を把握し、現時点で出来ることから一つ一つ課題の解決を図ります。そのためには、継続的に、メンバー個々人の力を引き出し、協力を得て総合させていくことも必要になります。信頼を得るだけの人間性、成功にむけて努力する真摯さに加え、先を読む洞察力、人を説得するための信念やテクニックも備わっていることが求められます。

しかし、「言うは易し、行うは難し」です。リーダーがマネージャーのやることに口を出し、優先順位を変えるよう命令する場合が多々あります。マネージャーの予測範囲内であれば計画の修正で済むでしょうが、そうでない場合もあります。マネージャーの機能を理解しないリーダーの下では、組織は、そのリーダーの活動範囲を超えては機能しません。リーダーの理想の達成をリーダー自身が阻害してしまうのです。部下についても同様です。部下がマネージャーに協力しようとしない場合、計画が素晴らしくとも実行は困難です。成果の達成どころか、組織の維持すら望むべくもありません。マネージャーの地位に就くことは出来ても、職務が困難である上、リーダーとの関係においても、マネージャーの機能を全うするのは、非常にむつかしいことなのです。

第2節　イエスのリーダーシップ

イエスのリーダーシップを検討する意義

イエスにリーダーシップがあったことを疑う人はいないでしょう。テクトン（土木工事、建築工事の従事者）の頃に培ったカリスマ性や人徳が、洗礼のヨハネ教団の中で花開き、不特定多数の人々を一瞬でとりこにし、信者としていく力になったことも間違いないでしょう。しかし、イエスのカリスマ性や人徳だけで大きな集団を維持・統率できる訳ではありません。教団経営には、そのための適切な知識と経験が不可欠で、これを欠いてしまうと、イエスの目の届く範囲でしか弟子を増やすことができません。どんなに優れた教師であっても、一度にはせいぜい数十人程度の生徒しか教えられないからです。

その意味で、イエスのリーダーシップとともに、イエス教団の運営のあり方が分かれば、どのよう形で教団が発展したかを把握することができるのではないでしょうか？

ウェーバーのカリスマ・リーダーシップ論

社会学の泰斗マックス・ウェーバー（1864～1920）によるカリスマ・リーダーシップ論は、この問題について社会科学の目で検討した嚆矢の一つです。1910年代前半に書かれた「統治の諸類型」（Die Typen der Herrschaft）において、ウェーバーは、統治には①合理的・合法的なもの、②伝統的なもの、そして③カリスマ的なものの3類型があると喝破しました。そのカリスマ的リーダーシップについて、ウェーバーは次のように述べています。

> 特定の人物の非日常的なものとみなされた資質を「カリスマ」（恩寵付与）と呼ぶことにする。この資質があることで、その人物は、他の何者にとっても近づきがたいような超自然的・超人間的な（少なくとも「非日常的な」）能力や特性を持った者、それとも、神から遣わされた者、模範とすべき者とみなされ、それ故に「指導者」として評価されるのである。
>
> 肝心なのは、それが、カリスマの支配下にある人々（つまり「信奉者」）によって、実際にどのように評価されるかという点である。
>
> カリスマの妥当性を決定するものは、統治される者による自由な承認であるが、これは、証しによって——はじめはいつも奇跡によって——確保され、啓示への帰依、英雄崇拝、指導者への信頼から生まれてくる。しかしながら（真正なカリスマのばあいには）、これは、正当性の根拠ではなく、天命による務めを自覚しその証しを得ることによってこのような資質を承認されるにいたった者の責務なのである。心理的にみると、この承認は、法悦あるいは苦悩や希望から生まれた、敬虔で全人格的な献身である。
>
> （マックス・ウェーバー『権力と支配』83～84頁。一部改訳）

しかし、こういった「真の意味での人格的な社会」には永続性がないため、後継者などに引き継がれ、教祖亡き後も教団が存続する場合は、カリスマ的統治から、ルールに基づく統治（合法的支配）または因習に基づく統治（伝統的支配）へと統治の性質も変わっていくことが指摘されています。

イエスの場合、法的な裏付けも、神殿との因習的な関係もないことから、③カリスマ的な統治によって教団や信者を帰依させたと言っていいでしょう。ウェーバーの書きぶりも、イエスたちを念頭に書かれたもののように見受けられます。

しかし、イエスがカリスマ的なリーダーシップだけで教団を率いていたと結論付けてよいものなのでしょうか？ そう言い切るのは難しいと思われます。

リーダーシップとマネジメントの補完関係

というのも、マックス・ウェーバー以降のリーダーシップ論の展開は、徐々にリーダーシップとマネジメントを相互補完性のある機能として位置付けるようになっているからです。

心理学者ストグディル（Ralph M. Stogdill）やシャートル（Carrol Shartle）などの米国オハイオ州立大学の研究チームは、トマス・カーライルの『英雄及び英雄崇拝』（１８４１年）以降の研究を網羅しつつ、リーダーに関する実証研究を通じて、リーダーに求められる特性を行動面から分析しようとしました。ここから、「課題の設定・達成」と「良好な人間関係構築」という２つの行動パターン軸でリーダーシップ行動を分析していくオハイオ州立大学研究モデルが生まれます。

こういった研究成果に、Ｐ・Ｆ・ドラッカーなどのマネジメント論が結合していきます。この結果、いままでは、リーダーシップとマネジメントの相互補完的な位置づけが明らかとされています。

リーダーシップとは、神秘的なものでも謎でもない。リーダーシップには、カリスマ性など個人の資質は関係ない。限られた選ばれし者だけの分野でもない。また、リーダーシップは必ずしもマネジメントより重要であったり、マネジメントの代わりになったりするものでもない。むしろ、リーダーシップとマネジメントは、相異なるも補完し合う行動体系である。どちらの活動も独自の機能と特徴を合わせ持っている。複雑さを増し、変化し続ける環境で成功するには、どちらも必要である。…

マネジメントは「統制」と「問題解決」によって計画の達成を確実にする。報告書やミーティングといった方法によって、公式および非公式に計画と実績を詳細にモニターし、そのギャップを突き止めて、問題解決の計画を立て、準備する。

一方、リーダーシップでは、ビジョンを達成するための手段は「動機付け」と「啓発」である。価値観、感性など、根源的だが往々にして眠ったままの欲求に訴えかけることで、変革を阻む大きな障害があったとしても、みんなを正しい方向へ導き続けるのだ。

（ジョン・P・コッター「リーダーが本当に行うこと」第1節〜第2節）

イエスがリーダーシップを担っているとしたら、その達成に向けたマネジメントを担うパートナーがいて初めて教団が円滑に回ったはずです。聖アンデレがその役割を担ったであろうことは想像に難くありません。

イエスのリーダーシップ

イエスのリーダーシップを、その要素とともに整理してみましょう。優れたビジョンを示し、啓発と動機づけによって人々を動かしていくというリーダーシップが正にイエスにおいて体現されていたと分かります。

1. **ビジョンの提示**
すべての人間が神と直接に交信でき、死後も救済されていると確信できる未来が到来するというビジョンを示した。その未来がいつ来てもいいように、人々に意識変革を促した。

2. **現状打破と変化**
大祭司でなければ、エルサレム神殿でなければ、神と交信できないと言われている現状を打破し、異邦人を含むすべての人々が救済を確信できる世界が到来するというビジョンを示し、その実現のために意識・行動を変化するよう説いて回りました。

3. **動機づけと啓発**
たとえ話や警句を用いて説明することで、また、人々を癒したり、赦したりすることで、人々に救済を実感させ、賛同を得ていきました。

4. **真摯かつ一貫した態度・行動**
イエスは、嫌がらせや侮蔑のような問いかけにも、真摯に答えました。信者や聴衆からの質問にも自らの言葉で答えました。布教の旅においても、その態度・行動は一貫しており、人々に信じるに足る人だという期待を醸成しました。

このイエスの真摯さについては、20世紀に活躍した文明論者・ユマニストであるホセ・オルテガ・イ・ガセットの次の言葉が参考になるように思います。

生きるとは、何かに向かって放たれることであり、目標に向かって歩むことである。その目標は、私の道のりでもなければ私の生でもない。それは私が私の生を賭ける何ものかだ。したがって、それは私の生の遥か向こうにあるものなのだ。
もし私が、私の生の内部でだけ自己中心的に歩くつもりなら、進むこともなく、どこにも行けないだろう。同じところを堂々巡りするだけだ。これこそが迷宮であり、どこにも行きつけない道、自己の中で道に迷い、まさにおのれの内部を歩き回るだけの道なのである。
（オルテガ・イ・ガセット『大衆の反逆』14：4）

イエスは、自らの生涯をかけて「神の国」の到来準備に生をかけました。このこと自体がイエスの活力であると同時に、迷いの中で生きている人々にとって視野を広げるきっかけ、そして人生の指針となり、そのこと自体が、その人々の魂の救済となったことでしょう。

イエスとその弟子たち、信奉者たちは、絶望的な環境の中で、生きる希望と神の救済を見出し、そこに全人生をかけました。その熱意が、その真摯さが、世の中を変えていったのです。われわれがイエスや弟子に対して共鳴するのも、この熱意や真摯さを感じ取るからではないでしょうか。

神学が、イエスは生まれながらにして全知全能だったと決めてしまったために、その生涯が実に味気ないものになってしまった。それでは、三年間の布教活動には危険も何もなく、あらかじめ決められたとおりに演ずる芝居も同じということになる。そんな人生のどこに興味を持てるだろう。どうして共鳴などできるだろう。
（ブルース・バートン『誰も知らない男』16頁）

第3節　イエスが聖アンデレに託したこと

イエスが聖アンデレに託したこと

イエスは、洗礼のヨハネの教団が解散させられた後、自己の布教を満足のいく形で遂行するためのパートナーとして、まず第一に聖アンデレに声がけをしています。そして、聖アンデレの眼鏡にかなった人物（ペテロ、聖フィリポなど）を教団に採用しています。

この経緯を見る限り、イエスは、聖アンデレに教団経営をゆだね、自己は布教に専念しようと考えていたのではないかと思われます。換言すると、イエスは、「神殿との対決」に向けて万全の体制をとるために、教団の組織作りと運営を聖アンデレに託したのです。

なぜ、イエスは、聖アンデレに声がけしたのでしょうか。

二人ともヨハネ教団にいたことを踏まえると、イエスは聖アンデレの力量や人柄をよく見て知っていたでしょう。洗礼のヨハネの教えの核心を共有している仲間であり、かつ、自身のリーダーシップを最善の形で活かしてくれるマネジメントを託せる人として聖アンデレを見込んだのです。とすると、聖アンデレはヨハネ教団においても、組織運営の業務に携わっていたものと推測されます。

洗礼のヨハネに受けた薫陶

洗礼のヨハネの活動した場所は「洗礼の地ヨルダン川の向こう側、ベタニア」（アル＝マグタス）として世界遺産に登録された場所です。ここは、ヘロデ王の領地であるペレアの領域内で、ヨルダン川の下流にあり、預言者エリヤが昇天した「エリヤの丘」の近くにあります。丘に残る修道院の遺構の区域と、聖堂、洗礼の池、巡礼者・隠者の住居などの遺構が残る川沿いの区域が、ワディ・カラール（Wadi Kharrar）と呼ばれる小川で繋がっています。ここからは、大きな3つの水槽が発掘されています。

ここには、洗礼のヨハネの下、教団関係者、居住または長期滞在する修行者たち、旅のような短期滞在の巡礼者たちがいたと思われます。

そうしますと、居住する修行者たちに対する日常的な世話に加えて、短期滞在者たちを迎え入れる施設の運営をしなければならなくなります。当然、トラブルも多かったことでしょう。居住区域と短期滞在区域を分けていたかも知れません。食事の手配や準備だけも大仕事だった可能性があります。水槽もあるため、衛生環境にも気を使わなければならなかったかもしれません。沐浴施設の整備・維持は、大人数を必要とする大変な力仕事だったでしょう。（テクトンだったイエスも、この力仕事に精を出したのかも知れません。）短期巡礼者が増えた場合、沐浴施設を利用する順番などを決め、徹底させるだけでも相当な苦労があったと思われます。

聖アンデレがヨハネ教団の管理部門で重要な人物だったとするならば、遺構などから判断する限り、現在でいえば、教会に加え、ホテル部門、レストラン部門、賃貸マンション部門を含む複合型施設（イメージとしては、大型リゾート施設など）の統括管理者のような職務についていたということになるでしょう。つまり、聖アンデレは、経理・財務・総務・庶務に加え、洗礼・沐浴の時間管理、クレーム対応、トラブル処理までを幅広く担っていたことになるでしょう。

ギリシア系であり、ギリシア都市をめぐって布教していたことを考えると、聖アンデレはギリシア語も話すことができ、通訳としての才能も買われていたのかも知れません。聖アンデレは「複数の言語を不自由なく話せる、マネジメント能力の高い人」だったと推測されます。

聖アンデレの適合性

聖アンデレが、イエスを支えるマネージャーとしての適合性を有していたことはあきらかでしょう。

●イエスとは、洗礼のヨハネ教団の同僚としてともにヨハネの薫陶を受けた間柄であり、相互に信頼関係があった。
●洗礼のヨハネ教団において管理部門の多岐にわたる業務に携わっていた。
（食事の準備など、イエスに質問された時には、部下の聖フィリポともども、ただちに答えられるようにしていました。常に準備と配慮を欠かさなかった様子が見て取れます。）
●良いものを人に伝えることをためらわない。
（例えば、異邦人に師を引き合わせ、師の言葉を伝えるための信者間の心理的な壁を取り払った。）
●ルールを作り守る側でありながら、ルールに縛られず、人間を大切にしている。
●人望があり、コミュニケーション能力が高い。（例えば、２匹の魚と５つのパンの逸話など。）

第3章　イエスの思想

〜聖アンデレが支えた理想

第1節　終末思想

イエスの危機意識

イエスは、師である洗礼のヨハネがヘロデ王によって処刑された後、自らの布教をはじめました。

時は満ち、神の国が近づいた。悔い改めて、福音を信じなさい。
（マルコ福音書1：15）

しかし、この「神の国」については、イエス本人の言葉として体系的に解説されたものは聖書には見当たりません。そこで、この「神の国が来臨する」という点を、イエス本人はどのように考えていたのでしょうか。

この点を検討するには、後代の影響を出来るだけ見抜き、排除する必要があります。

実際、紀元前後から100年あたりの頃は、キリスト教の教義が形成されていく時期ですが、ユダヤ教などでも教義の文書化が同時期に進められていたので、それぞれの教団としての立場を踏まえ、各教団内の人間それぞれが、自己の立場や都合に応じて表現を追加し、創作をした可能性が否定できません。たとえば、『ヨハネの黙示録』は、イエスの死後60年ほど経った90年代に作成されました。イエスの同時代に書かれた書物ではなく、ユダヤ戦争の影響を受けた思想、イエスが福音書で語った思想とは異なる方向性も散見されます。そのため、『ヨハネの黙示録』をもって歴史的イエスの思想と見なすことは避けるべきと考えられます。

後代の動きに縛られず、イエス本人の考えた「神の国」に迫るためには、どうすればいいでしょうか?

ここでは、歴史の流れにそって、イエスのおかれた思想上の系譜を見ていきたいと思います。具体的には、(1)前史としてのユダヤ思想、(2)師である洗礼のヨハネの行動と言葉、(3)イエス自身の行動と言葉などを追ってみましょう。

旧約聖書における「神の概念」

後の議論のために、旧約聖書における神の概念について、確認しておきましょう。神については、大きく2つの概念があります。

1. 神とは、ありてあるもの

> 神はモーセに言われた。
> 「私は、ありてあるものである。」
> 「イスラエルの人々にこう言いなさい。『「私はある」というかたが、私をあなたがたのところへつかわされました』と。」
> (出エジプト記3:14)

2. 神は、はじめと終わりを知るもの

イスラエルの王である主
イスラエルを贖う万軍の主は、こう言われる。
私は初めであり、終わりである。
私をおいて神はない。
（イザヤ書44：6）

ヤコブよ、私に耳を傾けよ。
私が呼び出したイスラエル。
私は神、初めでありまた終わりであるもの。
（イザヤ書48：12）

ユダヤ教では、この2つの説明の違いは大きな問題とはなりません。しかし、ローマ帝国下において学問のベースとなっていたギリシア哲学においては、この2つは別物になります。

「ありてあるもの」は、常に存在し永遠に普遍なものであり、真正の神となります。他方、「始めと終わりを知るもの」というのは、生成されたものを司る神でもあるため、デミウルゴスという創造神に過ぎないことになります。この違いを重視するギリシア哲学の立場からは、聖書の記載への受け止め方は異なってくることに留意しましょう。

その上で、黙示録で登場するのは②の「始めと終わりを知る」神です。神は、天地万物を想像した存在であるため、万物を終わらせることも出来る存在、と考えられています。

神によって滅ぼされた事例

神が人類を滅ぼす能力をもっている旨、そしてその事例が記載された箇所は、旧約聖書には数多くあります。

例えば、「ノアの方舟」の挿話（創世記6：1〜9：29）では、地球全体を水没させ、ノアに命じて遺したもの以外、地上の生物は（植物を除いて）すべて滅びています。ソドムとゴモラという町は、空から硫黄の火を降らせて「全住民、地の草木もろとも」滅ぼされています（創世記18：26〜19：29）。

こういった破壊行為は、規模が小さく行われることもあります。

例えば、ユダヤ人をエジプトから脱出させる前には、川の水を血に変え、蛙（かえる）・蚋（ぶよ）・虻（あぶ）・蝗（いなご）・疫病・雹・大地震などの災いを起こした他、モーセたちの一行が逃げるときだけ「葦の海」を2つに分け、海底を通れるようにしています（出エジプト記7：14〜14：30）。ヨシュアがエリコの町に攻めこむ際、神の助けによって、エリコの町の堅牢な城壁は一気に崩れ落ちています（ヨシュア記6：1〜21）。また、特定の人物の忠誠心・信仰心を試すためだけに、悪魔（サタン）に許可を与え、その家族を殺してみる、ということも行われています（ヨブ記1：18〜20）。

そして、神は、ユダヤ人以外（異教徒・異民族）に対する破壊者として描かれることがあります。モーセの律法に、その傾向が強く出ています。神は、世界中のすべてを自ら創造した存在で万能と名乗りますが、一部のユダヤ人だけを優遇して他を憎むという姿勢を隠そうとしません（申命記7：16、民数記31：17〜18）。このような場面では、神は全世界の創造者ではなく、一部の民族のためだけの守護神でしかないように見えてしまいます。

神によって滅ぼされなかった事例（特に異教徒の救済事例）

しかし他方で、神は、滅ぼそうと思った都市を滅ぼさず、不遜な人間でも救うことがあります。

「ソドムのためのアブラハムのとりなし」では、アブラハムが神に対して直接、義人がいる限り町を滅ぼさないよう懇請し、神もこの要請を受け入れています（創世記18：22～33，19：29）。「バベルの塔」（創世記11：1～9）では、塔を壊すのではなく、人々の言語を分断し、建設作業を中断に追い込んだだけでした。

「ヨナ書」において、ヨナは、ニネヴェの都市を滅ぼす旨を告げに行く役目を放棄し、逃げ惑います。それでもヨナは預言者の地位を与えられたままです。さらに、ニネヴェの町自体も最後には救われています（ヨナ書3：10～4：11）。ユダヤ教の神によって、ユダヤ教徒以外の者（ニネヴェの町）が救済されたのです。

また、モーセの義理の父親であり、モーセに組織管理の初歩を教えたエテロは、ユダヤ教徒ではありません。また、バラムも神によって間違いを起こさないよう諭されています（民数記22：21～22：35）。

旧約聖書には、このように、異教徒であっても神の降臨を受けて救われた人々が描かれています。

預言者による終末期待　～イザヤ書の場合

こういった事例を踏まえて、預言者たちは、どのように終末をとらえたでしょうか。

いわゆる三大預言書（『イザヤ書』、『エレミヤ書』、『エゼキエル書』）のうち、新約聖書にも数多く引用されるイザヤ書を見てみましょう。

(1)神の概念

前述の通り、はじめと終わりを知るものとして描かれています。

イスラエルの王である主
イスラエルを贖う万軍の主は、こう言われる。
私は初めであり、終わりである。
私をおいて神はない。
(イザヤ書44:6)

(2)人々の救済可能性

異邦人や宦官なども含めた幅広い救済可能性が明言されています。マルコ福音書などでイザヤ書が引用されているのは、このような幅広い救済を唱えたために、ユダヤ人・異邦人などすべてに支持を得たからではないかと思われます。

「論じ合おうではないか」と主は言われる。
「たとえ、お前たちの罪が真っ赤に染まっていても、雪のように白くなることができる。たとえ、紅のようであっても、羊の毛のようになることができる。…かたくなに背くなら、剣の餌食になる。」
(イザヤ書1:18~20)

主はこう言われる。
「あなたがたは公平を守って正義を行え。わが救の来るのは近く、わが助けのあらわれるのが近いからだ。

安息日を守って、これを汚さず、その手をおさえて、悪しき事をせず、このように行う人、これを堅く守る人の子はさいわいである。」

主に連なっている異邦人は言ってはならない、「主は必ず私をその民から分かたれる」と。宦官もまた言ってはならない、「見よ、私は枯れ木だ」と。

主はこう言われる。

「わが安息日を守り、わが喜ぶことを選んで、わが契約を堅く守る宦官には、わが家のうちで、わが垣のうちで、むすこにも娘にもまさる記念のしるしと名を与え、絶えることのない、とこしえの名を与える。

また、主に連なり、主に仕え、主の名を愛し、そのしもべとなり、すべて安息日を守って、これを汚さず、わが契約を堅く守る異邦人は、私はこれをわが聖なる山にこさせ、わが祈の家のうちで楽しませる、彼らの燔祭と犠牲とは、わが祭壇の上に受けいれられる。わが家はすべての民の祈の家ととなえられるからである。」

イスラエルの追いやられた者を集められる主なる神はこう言われる、「私はさらに人を集めて、すでに集められた者に加えよう」と。

（イザヤ書56：1～8）


「わが家はすべての民の祈の家ととなえられる」というのは、エルサレム神殿の中でイエスが言及した表現でした（マルコ福音書11：17など）。イエスや弟の義人ヤコブたちが目指したのは、正にこのイザヤ書の預言で示された世界、すなわち「ユダヤ教の普遍主義的拡大」（加藤隆）であったことでしょう。その「ユダヤ教」のとらえ方が兄弟で異なっていただけなのではないでしょうか。

さて、では、われわれは「自分が救済される」ために、何をすればいいのでしょうか？　この点に明快な答えを出したのが、洗礼のヨハネです。

第2節　洗礼のヨハネの意義

救済に向けてできること ～洗礼のヨハネの場合

人間としてのヨハネは根っからの善人であって、ユダヤ人たちに対し、徳を実行して互いに正義を求め、神に対しては敬虔を実践して洗礼に加わるよう教えを説いていた。

ヨハネによれば、洗礼は犯した罪の赦しを得るためではなく、霊魂が正しい行いによって既に清められていることを神に示す「身体の清め」として必要だった。（ヨセフス『ユダヤ古代誌』18：117）

もともと水によって罪を清めるという発想は、旧約聖書の中に既に示されていました。モーセの律法を記したレビ記に、重い皮膚病を患った人が清めを受けるために水で清める儀式が書かれています（レビ記14：1～32）。これを実践したのが預言者エリシヤです。


預言者エリシヤは彼に使者をつかわして言った。「あなたはヨルダンへ行って7度身を洗いなさい。そうすれば、あなたの肉はもとにかえって清くなるでしょう。」

そこでナアマンは下って行って、神の人の言葉のように7度ヨルダンに身を浸すと、その肉が元に返って幼な子の肉のようになり、清くなった。（列王記下5：10，5：14）

ナアマンというのは、スリヤ王の将軍で、神によって勝利を得た人物です。癩病を患っており、その治療としてヨルダンに身を浸すよう、エリシヤが助言したのです。そしてこのエピソードが、三大預言書のひとつ、エゼキエル書に反映されていきます。

> 私は清い水をあなたがたに注いで、すべての汚れから清める。私は新しい心をあなたがたに与え、新しい霊をあなたがたの内に授け、あなたがたの肉から、石の心を除いて、肉の心を与える。私はまたわが霊をあなたがたのうちに置いて、わが定めに歩ませ、わがおきてを守ってこれを行わせる。
> あなたがたは、私があなたがたの先祖に与えた地に住んで、わが民となり、私はあなたがたの神となる。私はあなたがたをそのすべての汚れから救い、穀物を呼びよせてこれを増し、ききんをあなたがたに臨ませない。また私は木の実と、田畑の作物とを多くする。あなたがたは重ねて諸国民の間に、飢饉のはずかしめを受けることがない。（エゼキエル書36：25〜30）

清い水によって、人々は、ユダヤ人であろうがなかろうが、すべての汚れから清められる、真摯に水に浸かることですべての人は救済され得る。そう説かれるようになったのです。

この流れに洗礼のヨハネがいます。イエスや聖アンデレたちが洗礼のヨハネに弟子入りした理由がよく分かります。イエスは、ローマ兵士とユダヤ女性の混血です。聖アンデレは、ギリシア系です。二人とも生粋のユダヤ人ではありません。それにもかかわらず、エゼキエル書、イザヤ書等の教えに基づき、他のすべての人々とともに救済されることを、洗礼の儀式が、そしてそれを司る洗礼のヨハネが約束してくれたのです。

律法という「一定の要件」を満たせば救われるかもしれない（しかし、同時に、一定の要件を満たしたとしても救われないかもしれない）という支配的な考え方に対峙して、「救われないかもしれない」という「時代の不安」を解消する教えだったからこそ、洗礼のヨハネの下には多くの人が集まったのです。

ヨハネ教団の中でリーダーシップを発揮し高弟となったイエスが、洗礼の教えを受け継いだことは、偶然ではありません。教義の核心だったのです。イエスが、ギリシア人女性の願いを受けてその娘から悪霊を追い出し（マタイ福音書7：25〜30）、またギリシア人との面会を避ける必要を感じていなかったこと（ヨハネ福音書12：20〜26）、そして、イエスの教えに最初に帰依した人々が貧困層や女性であったことは、イエスが「すべての人が救済され得る」と説いたことの傍証になるでしょう。


イエスは言われた。

「よく聞きなさい。取税人や遊女は、あなたがたより先に神の国にはいる。というのは、洗礼のヨハネがあなたがたのところにきて、義の道を説いたのに、あなたがたは彼を信じなかった。ところが、取税人や遊女は彼を信じた。あなたがたはそれを見たのに、あとになっても、心をいれ変えて彼を信じようとしなかった。」

（マタイ福音書21：31〜32）

第3節　イエスの終末思想

イエスのおかれた状況

イエス自身は、謹厳なユダヤ教徒の家に生まれ育った社会的マイノリティでした。社会的マイノリティというのは、社会の中で一定数がいるにもかかわらず、制度や文化によって「弱者」として位置づけられている人々のことです。宗教や人種、民族、経済環境、学歴など、理由はさまざまです。とても残念なことですが、人類の歴史上、どんな場所にも、どんな理由からでも社会的マイノリティは存在してきました。というのも、相手方であるべきマジョリティ（多数派）というのは、なにかに気づかずとも日々の暮らしを充分に送ることができる人々だからです。気づかないということは疑問を持たないということです。疑問がないということは答えもないということです。そのため、なにかに気づき改善を求められた場合でも、答えを見つけようと真摯に向き合うのではなく、敬遠や無視をもって対応しても何も困らない訳です。こういったマジョリティに対し、なにかを疑問に思い、改善を求めようとする人たち（マイノリティ）の出来ることは限られています。

おそらく心と生命と憧れでは同じでも、彼らの世界からは、巨大なヴェールでへだてられているのだ
（W．E．B．デュボイス『黒人のたましい』14頁）

イエスも、こういった目に見えないヴェールと苦闘を続けたでしょう。

おいおい、貧村ナザレだぜ。そんないい人物なんかが出てくるわけがない。
（ヨハネ福音書1：46。一部補足）

先ずは、出身地。

次に、出生の経緯。当時の多数派の教えにおいて、不品行で産まれた人間は禁忌の対象であり、救われる可能性はほぼありません。

だいたいがお前は不倫の関係から生まれたのではないか。…
お前の父親のヨセフと母親のマリアは…日陰者だった…
（ニコデモ福音書2：3）

私たちは、（お前と違って）不品行の結果うまれた者ではない。（ヨハネ福音書8：41）

言う方は軽口のつもりで言ったとしても、言われる側の心には深い傷が残ります。心で思うことや憧れ、感情などは一緒のはずなのに、なぜ、自分がこんな言われ方をされなくてならないのだろうと深く、深く、深刻に悩み続けたことでしょう。両方とも、イエスが生まれる前に決まっていた話なので、どんなに努力しても変えていくことはできません。それなのに、それを理由にして救済を拒絶されるなら「一体自分は生まれてくる必要があったのか」「必要があったなら何故生まれたのか」真剣に悩み続けたことでしょう。

イエスが生きた「終末」前夜

イエスは、師である洗礼のヨハネをエリヤの再来として深く尊敬していました。洗礼のヨハネによって、自分の救済を確証でき、不安が解消されたからです。イエスの教義の中に、洗礼のヨハネの説く「洗礼」という教義の核心が受け継がれたことも、このことをよく示しています。

しかし、ヨハネは、当時の王権（ヘロデ王）から警戒され、逮捕されて、軍事要塞マカイルスに連行されて獄死します。この時、時の政治権力によって、当然に教団は運営停止・解散となり、教団財産の没収や敷地内への立入禁止などの処分が行われたはずです。イエスが出身地に近いガリラヤまで退去したのは、自発的な意志というよりも、退去させられたのでしょう。

イエスは、「ヨルダン川」という清めの聖地から切り離されはしましたが、洗礼のヨハネによってもたらされた「真の教え」（福音）を人々に伝える使命を改めて感じたことでしょう。ヨハネを預言者エリヤの再来と確信して、その教えを伝えるべく、イエス自身の伝道を開始します。

さて、そのようなイエスが覚悟した終末（神の来臨）とは、どのようなものだったのでしょう。「バプテスマのヨハネの時から今に至るまで、天国は激しく襲われている。そして激しく襲う者たちがそれを奪い取っている。」（マタイ福音書11：12）などのイエスの言葉から、どのようなイメージをもっていたか、探ることはできないでしょうか。

このためには、（1）イエスの言行を収めた共観福音書における「小黙示録」を見ることと、（2）そこに示された内容の旧約聖書上の出典を探ることが必要と思われます。

いわゆる小黙示録

「小黙示録」とは、共観福音書で示された「終末と予兆」のことを指します。イエスが神殿の崩壊に関連して、終末について弟子たちに説明を行ったとされた内容です（マルコ福音書13：3～37、マタイ福音書24：3～25：13、ルカ福音書21：7～36）。もっとも古いマルコ福音書では、ペテロ、ヨハネ、大ヤコブ、そして聖アンデレの4人といるときに、彼らからの質問に答えて説明したとされています。当然、ここに書かれたことが歴史的なイエスの発言そのままなのかどうかは検証すべきですが、立場の違いがあるにも関わらず、どの共観福音書にも黙示録的な言葉が残されているということは、実際にイエスの発言があったことを示していると思われます。

（1）いつ終末が起こるか？

明確に断定を避けています。ヘロデ王によるヨハネの突然の逮捕・連行を予測できなかった（または予測出来ていても具体的には指摘できなかった）でしょうから、まして神の来臨を予測できるわけがない、ということかも知れません。

その日、その時は、だれも知らない。天にいる御使たちも、また子も知らない、ただ父だけが知っておられる。気をつけて、目をさましていなさい。その時がいつであるか、あなたがたにはわからないからである。

（マルコ福音書13：32～33）


終末が起こる予兆についてすら、イエスは断定を避けます。想像を超えることが起きるため、想像しても意味がないからでしょう。イエスの神を敬う態度は徹底しています。


いちじくの木からこの譬を学びなさい。その枝が柔らかになり、葉が出るようになると、夏の近いことがわかる。そのように、これらの事が起るのを見たならば、人の子が戸口まで近づいていると知りなさい。

（マルコ福音書13：28～13：29）

（2）終末には何が起こるか？

その日には、神が万物を造られた創造の初めから現在に至るまで、かつてなく今後もないような患難が起るからである。もし主がその期間を縮めてくださらないなら、救われる者はひとりもないであろう。

その日には、この患難の後、日は暗くなり、月はその光を放つことをやめ、星は空から落ち、天体は揺り動かされるであろう。そのとき、大いなる力と栄光とをもって、人の子が雲に乗って来るのを、人々は見るであろう。そのとき、彼は御使たちをつかわして、地のはてから天のはてまで、四方からその選民を呼び集めるであろう。

（マルコ福音書13：19～20，24～27）

（3）われわれはどのように生きていけばよいか？

具体的な例を挙げて、気を付けて生きていきなさい、というにとどまっています。ただし、この話している対象は自分の弟子たちです。そのため、イエスの教えに従い丁寧に生きていくことを大前提として、終末がいつ来てもよいように準備や心構えをすることの重要性を説いたものと受け止めるのが良いでしょう。


それはちょうど、旅に立つ人が家を出るに当り、その僕たちに、それぞれ仕事を割り当てて責任をもたせ、門番には目をさましておれと、命じるようなものだ。

だから、目をさましていなさい。いつ、家の主人が帰って来るのか、夕方か、夜中か、にわとりの鳴くころか、明け方か、わからないから。

あるいは急に帰ってきて、あなたがたの眠っているところを見つけるかも知れない。

目をさましていなさい。

（マルコ福音書13：34〜13：37）


そして、人に出来ることを尽くしたならば、神を信じ、自らを託すのです。


（イエスは）地にひれ伏し、もしできることなら、この時を過ぎ去らせてくださるようにと祈りつづけ、そして言われた。

「アッバ、父よ。あなたには、できないことはありません。どうか、この杯を私から取り去ってください。ただ、私の思いの通りとする必要はありません。御心のままになさってください。」

（マルコ福音書14：35〜36）


人間は、自己の希望を言うことができても、神のみこころが優先するのです。そして、そのことで神や聖霊をののしったり冒涜したりすることは許されません。

「真実に言う。誰でも、その犯す罪も冒涜の言葉もすべて赦される。しかし、聖霊を冒涜する者は決して

永遠に赦されず、永遠の罪に定められる。」（マルコ福音書3：28～29）

三大預言書における「終末」

イエスたちも参考にしていたと思われる3大預言書（イザヤ書、エゼキエル書、ダニエル書）では、終末はどのように描かれているでしょうか。

（1）いつ終末が起こるか？

預言書によって、スタンスは異なります。

預言者イザヤの場合をみてみましょう。ウジヤ王（ユダ王国の第10代国王。52年間に亘って王位についた人物）が亡くなった年（紀元前742年頃）に、神々の軍勢がエルサレム神殿に集結する姿を見た（イザヤ書6：1～5）ために、神にイザヤ自身の罪を許され、召命されたとされています。先だっても終末が起きる寸前まで来ていた、神はいつでも来臨され得る、という主張につながった象徴的なエピソードと言えるでしょう。

同様に、エゼキエル書は、「終末が近い」と説きます（エゼキエル書30：2～3）。

ダニエル書は、より具体的です。ペルシャ王国が4分割され、互いに戦ったのちにエジプトと戦争になった後と記載しています（ダニエル書12：1）。

（2）終末の様子

神が現前し、積極的に粛清を図り、敵と戦う様子は、さまざまに描かれています。レビヤタン（リバイアサン）などの怪物は、後代のさまざまな物語の着想の源になりました。

その日、主は、堅く大きく強い剣をもって、逃げる蛇レビヤタン、曲りくねる蛇レビヤタンを罰し、また海にいる龍を殺され給う。

（イザヤ書27：1）

海から4頭の大きな獣が現れた。…尊大なことを語り続けていたが、ついにその獣は殺され、死体は破壊されて、燃え盛る炎の中に投げ入れられた。

（ダニエル書7：3〜12）

（3）人々の救済または復活

こちらも様々に描かれています。ここでは、神の栄光が訪れ、神の力によって、枯れた骨が復活する様子（エゼキエル書）を見てみましょう。

主の手が私に臨み、主は私を主の霊に満たして出て行かせ、谷の中に私を置かれた。そこには骨が満ちていた。主は私に谷の周囲を行きめぐらせた。見よ、谷の面には、はなはだ多くの骨があり、皆いたく枯れていた。主は私に言われた。

「人の子よ、これらの骨は、生き返ることができるのか。」

私は答えた。

「主なる神よ、あなたはご存じです。」

主はまた私に言われた。

「これらの骨に預言して、言え。枯れた骨よ、主の言葉を聞け。主なる神はこれらの骨にこう言われる、見よ、私はあなたがたのうちに息を入れて、あなたがたを生かす。私はあなたがたの上に筋を与え、肉を生じさせ、皮でおおい、あなたがたのうちに息を与えて生かす。そこであなたがたは私が主であることを悟る。」
私は命じられたように預言したが、私が預言した時、声があった。見よ、動く音があり、骨と骨が集まって相つらなった。私が見ていると、その上に筋ができ、肉が生じ、皮がこれをおおったが、息はその中になかった。時に主は私に言われた。「人の子よ、息に預言せよ、息に預言して言え。主なる神はこう言われる、息よ、四方から吹いて来て、この殺された者たちの上に吹き、彼らを生かせ。」
そこで私が命じられたように預言すると、息はこれにはいった。すると彼らは生き、その足で立ち、はなはだ大いなる群衆となった。（エゼキエル書37：1～10）

ダニエル書には、光となるように描かれています。

多くの者が地の塵の中の眠りから目覚める。
ある者は永遠の生命に入り、
ある者は永遠に続く恥と憎悪の的となる。
目覚めた者は、天空の光のように輝き、
多くの者の救いとなった人々は、永遠に星となって輝く。（ダニエル書12：2～3）

イエスは終末が来た後に復活する人間は「天使」のようになると説いていますが、これらの預言書の記載を踏まえていることがよく分かります。

死人の中からよみがえるときには、…彼らは神の国にいる天使のようになる。（マルコ福音書12：25）

イエスの思想的根源は至ってユダヤ的であること、イエスが神に対して敬虔・真摯に向き合っていること、異教徒を含めた救済を希求していること、その根拠は旧約聖書の預言書の中にあることなどが確認できます。

第4節　後継思想①聖フィリポとグノーシス主義

ここからは、後継思想によって、イエスの思想を検証してみましょう。後継思想は3種類。（1）ペテロが後継者とされるキリスト教、（2）聖フィリポの後継者たちが展開したグノーシス主義、そして（3）聖トマスの影響とみられる大乗仏教運動です。ペテロについては後述します。まず、聖フィリポから見ていきましょう。

聖フィリポとグノーシス主義

聖フィリポが、ギリシア系でありユダヤ人ではないこと、イエスが亡くなった後はペテロたちと決別し、サマリア地域のカイサリアに移住して布教したことは前述のとおりです。

カイサリアでの弟子シモンが創始したと言われているのがグノーシス主義です。グノーシスというのは、「認識」「正しい知恵」という意味の古代ギリシア語です。「自分の本質を知る」ことを標榜しています。一般には以下のように説明されます。

歴史的には、初期ユダヤ教の周縁に、原始キリスト教徒とほぼ同じ頃に現れ、やがてキリスト教と接触するに及んで、最大の『異端』とされた。なぜなら、本来の人間は至高の神の一部である、という思想であったからである。ただし、現実の人間は居場所を間違っている。それゆえ、自分の本質を認識（ギリシア語で「グノーシス」Gnosis）して、本来の場所へ立ち帰らねばならないというのである。
（大貫隆編著『グノーシスの神話』16頁）

原始キリスト教とともに出現したのは、イエスの弟子たちの間の対立なのですから当然のことです。ペテロたちの創始した「正統派」キリスト教とは激しく対立しながら、正統派が政治的権力に取り込まれ地位を確立するにいたって、敗色を強め、変質し廃れていきました。ここでは、イエスや聖アンデレの思想に近いと思われる初期のグノーシス主義に絞って検討していきましょう。

聖書の中で、グノーシス主義の影響を受けていると言われているのはヨハネ福音書です。また、ナグ・ハマディ文書など古代文献が発掘されています。

講学上、グノーシス主義は1世紀に生まれ、3世紀から4世紀にかけて地中海世界からイラン近辺などで勢力を持った宗教・思想とされています。要すれば、ヘレニスタイにより布教が進められたカイサリア（属州の州都）から、ローマ帝国各地の経済・政治の中心地に評判が広まり、やがてシルクロードなどの交易の道に沿ってイランなどへと広範囲に広まったと考えていればよいでしょう。

グノーシス主義の世界観

グノーシス主義のヒントとなる本があります。プラトン（紀元前427〜347年）の『テイマイオス』です。これはプラトンの著作の中で、ほぼ唯一、中世ヨーロッパでも伝えられたもので、キリスト教義の形成・発展にも多大な影響を及ぼしたものとしても知られています。イエスの同時代人でもあるフィロンは、プラトンの著作とくに『テイマイオス』に影響を受け、後述の「デミウルゴス」を「神」に置き換えて、旧約聖書とプラトン哲学が調和的であると考えました。フィロンはプラトンを「ギリシアのモーセ」と呼び、プラトンの思想にモーセが影響を与えたと主張しています。

『テイマイオス』の主張は明快です。この世の中には、（1）感覚で把握される生成流転する世界と、その裏に（2）理性でのみ把握される不生不滅の「有」の世界（イデア）の二層があるとします。何故2層かというと、完全無欠なイデア（2）をみて、デミウルゴス（創造者）が、この世（1）をつくったからです。

> さて、全宇宙（ウラノス）、あるいはコスモス…は生成したものである。
> この宇宙の制作者であり父なるものを見つけるのは困難であり、これを見つけても、すべての人に語ることは不可能である。
> （プラトン『テイマイオス』28 b〜c）

> 創造者（デミウルゴス）は善き方だった。善き方には、どんなことについても、いかなる場合にも、妬みの心はまったく起こらないので、妬みとはまったく無縁で、すべてのものができるだけ自分に似たものとして生成することを欲した。まさにこれこそ、生成界と宇宙とのもっとも決定的な始めであることを知者たちから受け入れるのであれば、そうするのがもっとも正しい受け容れ方をしたことになるだろう。つまり、神はすべてが善きものであり、悪しきものが何一つないことを欲したのである。
> こうして目に見えるものをすべて受け取ったが、それはじっとしていないで調子外れに無秩序に動いていたので、これを無秩序から秩序へと導いた。秩序があるほうが秩序がないよりもあらゆる点でより善いと考えたからである。
> （プラトン『テイマイオス』29 e〜30 a）

創造者（デミウルゴス）は、この宇宙をあらゆる完全なものから一つの全体で完成した、不老無病なものとして作り上げた。（プラトン『ティマイオス』33ａ〜ｂ）

その上で、こういった構造が、人々に与える意味についても語られます。

神が視覚を考え出し、それをわれわれに与えたことの目的は、天にある知性の循環運動を見て、天上の乱れなき循環運動をそれとは同族なのに乱れた状態にあるわれわれの思考作用の循環運動に役立てることであり、それを学び、自然本来に即して正しい推理計算の力を身につけ、あらゆる点で彷徨することのない神の循環運動を真似ることによって、われわれのうちにある彷徨する回転運動を正しく立て直すということである。
音や聴覚についても同じことがいえる。それらも同じことを意図して、同じ目的のために神々から贈られたのである。（プラトン『ティマイオス』16ｃ）

あえて図示すれば、図3のようになるでしょう。真の世界（プレーローマ）は、仏教でいう「勝義」と言いかえてもよいかも知れません。

図3 グノーシス主義

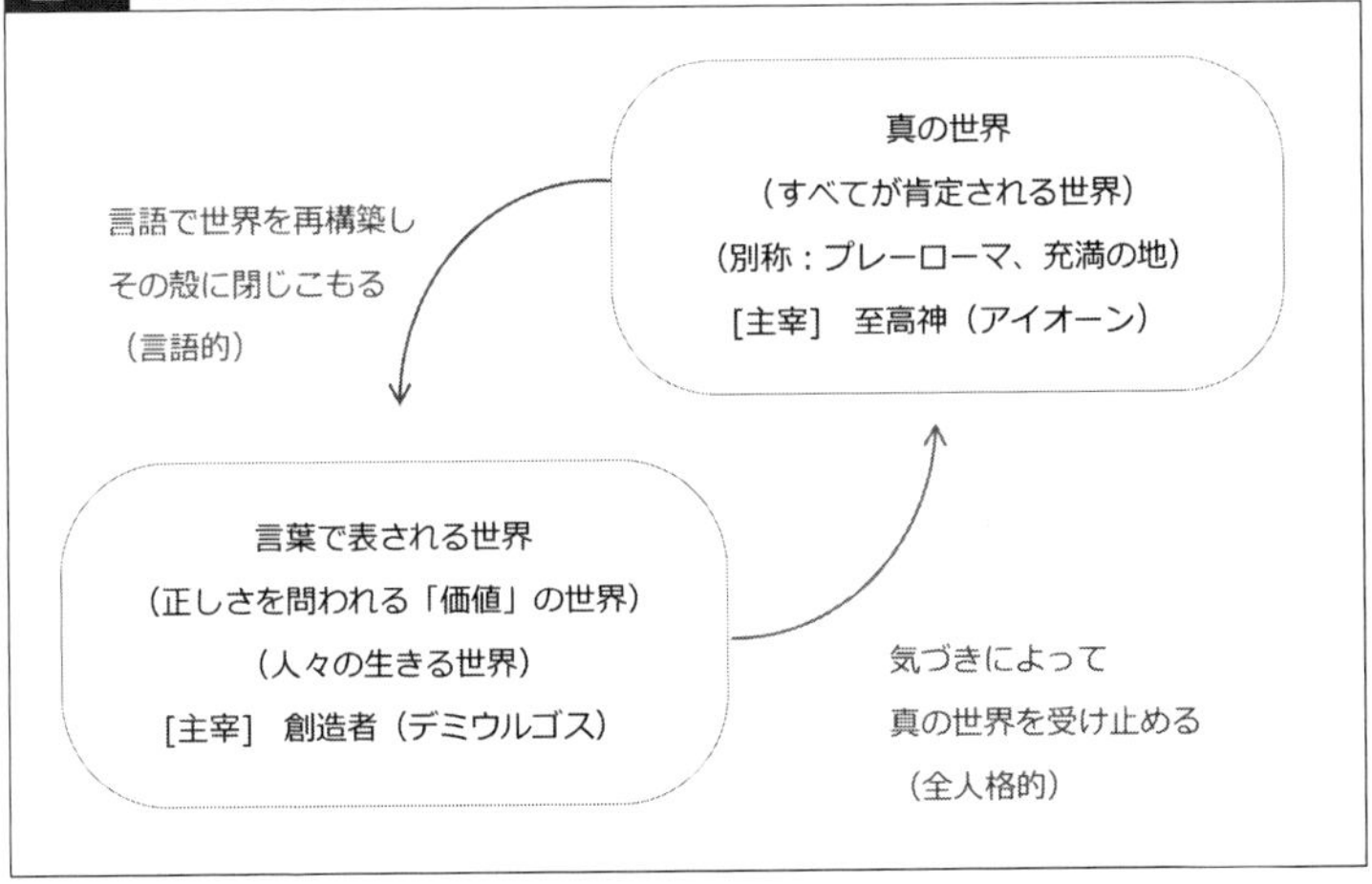

グノーシス主義に基づいて書かれたとされるフィリポ福音書には、次のような文書があります。

世界は一つの過誤から生じた。というのは、それを造った者はそれを不滅で不死なるものとして造ろうと欲したのである。しかし彼は失敗して、その望んだところを達成することができなかったからである。なぜなら、世界には不滅性が存在しなかったからである。また、世界を造った者の不滅性も存在しなかったからである。
（フィリポ福音書99ａ）

これがテイマイオスの世界観を受けていることは、一目瞭然でしょう。このテイマイオスの世界観は、ある意味で、ドイツの文豪ゲーテの『ファウスト』で、悪魔メフィストフェレスが言う有名なセリフを想起させます。

すべての理論は灰色だ。まぶしく輝く「生命の樹」は、いきいきとした緑色なのだ。
（ゲーテ『ファウスト』（第一部）１１５頁）

「生命の樹」をそのまま理解できないわれわれは、つい理性を働かせて理論化しようとします。しかし、その理論の整合性に目を奪われ、「生命の樹」をつい見失ってしまいます。理性（各人の脳の働き）を強めていくことで、悟性（目の前に起きていることを的確に把握する力）が弱まってしまうのです。信仰こそ大切と「悟性」が言っているにも関わらず、律法を守るためのルールを守らなければという「理性」の働きによって信仰の精神を見失ってしまうこともあり得ます。それは本末転倒でしかありません。

しかし、太陽の陽を浴びるとき、風を全身で受けるとき等に、われわれは自我の意識から解き放たれ、「自然と一体である」と感じることがあります。すべてを肯定的に受け止められるこの状態を言葉で表現することはむつかしいのですが、言葉で充分に表現できないだけで、そのような状態が存在しないわけではありません。そこで、現在の世界（デミウルゴスの世界）にいながらにして、真の世界（アイオーンの世界）へと気づき、真の世界の生き方を現在の世界でも実践して正しい生き方を貫くことが大切になってきます。

イエスの終末思想との融合

この点、グノーシス主義の影響の強いヨハネ福音書に、イエスの言葉として、以下の記載があります。

「私が地上のことを語っているのに、あなたがたが信じないならば、天上のことを語った場合、どうしてそれを信じるだろうか。
天から下ってきた者、すなわち人の子のほかには、だれも天に上った者はない。そして、ちょうどモーセが荒野で蛇を持ち上げたように、人の子もまた上げられなければならない。それは彼を信じる者が、すべて永遠の命を得るためである。」
神はそのひとり子を賜わったほどに、この世を愛して下さった。それは御子を信じる者がひとりも滅びないで、永遠の命を得るためである。（ヨハネ福音書3：12～16）

この主張は、テイマイオスと響きあいます。

さて、われわれの魂の中にあって市場権を握っている種類のものについては、次のように考えなければならない。即ち、神はそれを神霊（ダイモーン）として各人に与えたのであり、これをわれわれは、われわれの身体の天辺に宿っている、と主張するのである。そして、われわれを、地上ではなく。天上の植物であるかのごとく、天にあるわれわれに似ているものに向かって、大地から天に向かって持ち上げている。

われわれのこの主張は、大いに正当なものである。

なぜなら、この神的な部分は、魂が最初にそこから生まれてきたところである天に、われわれの頭でもあり根でもあるものを吊して、身体全体を直立させているからである。

そこで、欲求や野心の満足にのみ汲々とし、そのようなことのために大いに苦労する人にとって、その思いのすべては、必ず死すべきものになってしまう。……

神々から人間に課せられた最善の生を、現在に対しても、未来に対しても、まっとうしなければならないのである。

（プラトン『テイマイオス』90ａ～ｄ）


イエスの終末思想がどうだったかは、実はよく分からないというのは、先述の通りです。しかし他方で、このように、神の救済をすべての人が受け得るという教え、特に「救済を受けるか受けないかは、神が決めるのではなく、こちらの精神と行動にかかっている」旨のメッセージを、イエスの教えからもギリシア哲学からも受け取り、その融合・総合を図ったグノーシス主義は、他の宗教観にはない現生的な「すべての人の救済」を強く打ち出したものと思われます。

すべての人の救済

実際、地中海世界を、イエスの教えが短期間で席捲できたのは、「すべての被造物を救う神」だからと考えられます。当時の他の宗教のように、来世について語らないか、語ったとしても「一定の要件を満たせば救われるかもしれない。（ただし、救われないかもしれない）」という教義の下では、救われないかもしれないという不安は解消されません。不安から逃れたいという「時代の要請に応える教え」だったからこそ、イエスの教えに人々は飛びついたのです。

さて、その救済のされ方について、ここで確認しておきましょう。

私は光としてこの世にきた。それは、私を信じる者が、闇のうちにとどまらないようになるためである。たとえ私の言うことを聞いてそれを守らない人があっても、私はその人を裁かない。私がきたのは、この世を裁くためではない。この世を救うためである。（ヨハネ福音書12：46～47）

救いは、生きているうちに実感されなくてはなりません。生きているうちに、至高なる存在との魂の連携ができ、自分が永遠の命の一部であることを実感できるからこそ、肉体的な死にかかわらず「永遠の命」を生きることが出来るようになり、肉体的な死があった場合の恐怖も減り、復活もできるようになります。

「主は初めに死んだ。それから甦った」という者たちは誤っている。なぜなら、主は初めに甦り、それから死んだのであるから。誰であれ、初めに復活に達しなければ、死ぬことはないであろう。神は生きている。その者は死んでいたであろう。（フィリポ福音書21）

万物（プレーローマ）を所有する者たちの誰もがすべて認識することが必要なのではないのか。確かにある者たちは、もし自己を認識しなければ、彼らが所持しているものを楽しむことがないだろう。しかし自己を学び知った者たちはそれを楽しむであろう。（フィリポ福音書１０５）

イエスが言った。
「もし彼らがあなたがたに『あなたがたはどこから来たのか』と言うならば、彼らに言いなさい。『私たちは光から来た。そこで光が自ら生じたのである。それは自立して、彼らの像において現れ出た。』もし彼らがあなたがたに、『それがあなたがたなのか』と言うならば、言いなさい。

『私たちはその光の子らであり、生ける父の選ばれた者である。』
もし、彼らがあなたがたに、『あなたがたの中にある父の徴は何か』というならば、彼らに言いなさい。
『それは運動であり、安息である。』（トマス福音書50）

このようにして、魂の救済は、個々人の「気づき」（いわゆる「悟り」）の問題へと還元されていきます。当然、この「気づき」のレベル感が問題になりますが、ここでは割愛します。

第5節　後継思想②聖トマスと大乗仏教

聖トマス

聖トマスは、12使徒の一人です。聖書の記載では、バルトロマイやマタイと同じ第4グループとして登場しています。

出身地などについての記載は、聖書にはなく、他の文書でも、まだ見つかっていません。

聖書にあるエピソードからは、彼の直情径行な性格が伝わってくるように思われます。ラザロの物語（ヨハネ福音書11：1～16）では、イエスがユダヤ地域を訪問すると聞き、「先生の命が危ない。私たちも行って、先生と一緒に死のうではないか」と他の弟子に語りかけています。イエスの復活にあたっては、遅れて立ち会いましたが、「私はその手に釘の跡を見なければ、そして、私の指を、その釘の場所に差し込まなければ、手をその脇腹に差し込まなければ、決して信じない」といい、自らイエスの手や脇腹を確認しています（ヨハネ福音書20：25～27）。またグノーシス文書には「闘技者トマスの書」という題名の書物も残されています。

トマスは、「双子のトマス」（ディディモ・トマス）と言われています。これをユダと双子とするのが後代の教説です。しかし、イエスを尊敬し心酔した「イエスのそっくりさん」だったという可能性も否定できません。このことは心にとどめておいていいと思います。

トマスは、建築家の守護者としても知られています。これは、彼が、イエスと同様、テクトンだったためです。


ハバンがユダ・トマスに言った。

「おまえが得意としている技術は何なのか。」

トマスは彼に答えた。

「木工、石工と建築。大工の仕事です。」

商人ハバンが彼に言った。

「木では何のつくり方を、石切りでは何のつくり方を知っているのか。」

トマスがハバンに言った。

「木では、鋤とか枷とか（家畜などを駆るのに用いる）突き棒とかボートの櫂とか船のマストと滑車とか、また石では、墓石とか記念碑とか神殿とか王宮とかのつくり方を学びました。」

（使徒ユダヤ・トマスの行伝、第4節）


王宮をつくっていたということから、トマスはイエスと同様、大都市セッフォリスでの都市建築にかかわったテクトン仲間だった可能性が考えられます。

イエスの死後は、一時期、カイサリアにいて、インドに布教に行ったという伝説（ウォラギネ『黄金伝説Ｉ』91頁以下）もありますし、また、パルティアへの布教担当になった、とも言われています（エウセビオス『教会史』３：１）。ここでいうパルティアには、２種類のパルティアの可能性があります。アルサケス朝パルティアであれば、現在のイラン・イラク・シリア周辺を支配していました。西側には、ティグリス川・ユーフラテス川の流域も含まれています。ここから独立したインド・パルティア王国であれば、インド北部やアフガニスタン周辺を支配していました。

亡くなった場所は、インドのカルミニアだとも言われますが、そのカルミニアがどこかは分かりません。なお、このカルミニアがカルマニア（Karmania）のこととすれば、現在のイランの中東部エリアにあるケルマーン州のことととなり、聖トマスがパルティア周辺を活動エリアとしていたということと整合します。

なお、インドに伝わっている伝承では、聖トマスは西暦50年頃に南インドの西海岸（いまのケーララ州）のコドゥンガルールに到着。52～53年頃に、南インド東岸（タミルナードゥ州）の都市チェンナイに移動します。ここでバラモン教徒に槍で刺され亡くなったと言われています。コドゥンガルールにもチェンナイにも聖トマス教会を建てた、と言われています。（そして、両方とも、現存しています。実際、いつ出来たか判然としないほど古くからあるということです。）また、亡くなったとされる丘（標高91ｍ）では、１５４７年に、中世ペルシャで使われたパフラヴィー文字と十字架の刻まれた石碑が発見されています。

聖トマスの布教の範囲は、とにかく広いのが特徴です。トマスがインドに亘ったのが、西暦50年前後ということは、イエスが亡くなったとされる西暦30年頃から20年近く、カイサリアやパルティアなどで過ごした、ということになります。

布教の中心が、カイサリア（地中海沿岸の港町）、タキシラ（インド・パルティア王国の首都。交易都市。ガンダーラ美術発祥の地）、ディアルバクル（ティグリス川上流にある港町）、コドゥンガルール（インド西海岸の貿易港）、そしてチェンナイ（インド東海岸の貿易港）であったことから、交易の中心地での布教に熱心だったことと、エルサレム神殿にはまったくとらわれていないことが分かります。

カイサリアにいたという一点だけをとって見ても、聖トマスは（カイサリアにいた聖フィリポなどに近い）アンチ・エルサレム派（ヘレニスト）だったと考えることができるでしょう。自分だけがイエスを守って半死半生の状態になったという矜持があるため、イエスを守らずに逃げ出した弟子たち（ヘブライオイ）への反発もあったでしょう。他方で、イエスによるエルサレム神殿との対決に同席したことから、ユダヤ人であったことも分かります。

インド・パルティア王国での布教

聖トマスの布教は、特に後代に大きな影響を与えました。

> 使徒トマスがカイサリア市にいたとき、主が彼のまえにあらわれて、こう言われた。「インド王グンドフォルスが、とびきり腕の立つ大工の棟梁を探させるためにアッバネスという家令を寄こしています。だから、立ちなさい。あなたにインド王のもとに行ってもらいたい。」
>
> （ヤコブス・デ・ウォラギネ『黄金伝説Ｉ』91頁）

この「インド王グンドフォルス」は、トマス行伝では「グンダファル王」（第2節、第17節以下）として登場します。この王は、インド・パルティア王国の建国者であるゴンドファルネース王（Gondopharnes）に比定されています。

彼は、スキタイ王国の最後の王アゼス2世などの勢力を受け継ぎ、カブール川上流のギリシア人王国などを滅ぼすなど、積極的な領地拡大に努めました。紀元20年頃にアルサケス朝パルティアからの独立を宣言し、征服した領域にインド・パルティア王国を建設しました。その領域は、現在のアフガニスタンの一部、パキスタン、インド北西部にいたる広大なものだったと言われます。その首都のタキシラは、後にガンダーラ美術が興った地としても知られています。

> ゴンドファルネース王はあるいはキリスト教徒ではなかったか、という疑いを禁じ得ない。かれの用いていた「神に誓える者」（devavrata）という称号は、インド史上、ほかに類例がないからである。
> （中村元『インドとギリシアとの思想交流』１４６頁）

ヘレニズム文化を吸収した新進気鋭の王が、紀元30～40年頃にキリスト教に改宗しているとしたら… 王の改宗に寄与した説教者として、聖トマス（またはその弟子）が有力な候補者であることに疑いはないでしょう。

ディアルバクルでの布教

これに続いて、もう一か所確認したい場所があります。トルコ東部の都市ディアルバクルです。ティグリス河の上流の岸部に位置するトルコ東部の都市で、「ディアルバクルの城塞とヘヴセル庭園の文化的景観」は、世界遺産に選ばれています。この都市は、トマスが活躍した時代は古代アルメニア王国（紀元前１９０年～西暦

66年頃）の首都ティグラナケルト（Tigranakert）として知られていました。その後、古代ローマ帝国に編入されてアミダ（Amida）と呼ばれるようになり、アラブ人による征服（６２９年）以後もアーミドと呼ばれました。

ディアルバクルの街が、シルクロードの交易とティグリス河を利用した貿易などで賑わっていたこと、そして、この頃のトマスが（イエスより少し若い人だとすれば）20歳代～50歳前後くらいまでの年齢であったことを考えると、河川航運に係る人々（商人や船乗りなど）と、時には一緒になってティグリス河を下り、バグダッド（現イラク）や海辺の都市まで布教の旅に出ていたことも考えられるでしょう。

そして、この河口に近いエリアは、バビロン捕囚によってユダヤ人が強制的にパレスチナ地域から移住させられたエリアでもあります。有力なユダヤ人社会が出来上がっていたところであり、タルムード編纂の主要地域の一つにもなっています。こう考えると、アミダという都市は、トルコ（小アジア）などへの入り口でもありつつ、バビロニアとパレスチナという２つのユダヤ人社会の内陸での結節点の一つだったことが考えられます。

そして、この町には、古代ローマ帝国時代、聖トマス教会がありました。イスラム教圏に入ってからもキリスト教徒・イスラム教徒が共同使用していましたが、住民のイスラム化が進んだため11世紀に改築されモスク「ウル・ジャーミイ」（大きなモスク）となりました。モスクの入口には、ライオンや雄牛などのレリーフがある他、ローマ時代の柱なども残っています。そしてアナトリアで最初の大学となり、現在はコーランを教える学校となっています。

ここに聖トマスがいた可能性があると考えます。ローマ帝国時代に聖トマス教会が建てられた理由としては

（インドと同様に）聖トマスがいたからと考えるのが合理的であり、聖トマスの教えこそが大乗仏教を成立させるきっかけになったと考えられるからです。

大乗仏教成立への影響

大乗仏教について確認しておきましょう。仏教の開祖であるお釈迦さまの生没年は不詳ですが、比較的新しいとしても、紀元前463年～紀元前383年頃になると言われています。他方、大乗（仏教）運動はインドで紀元前100年ころから、出家者以外（在家信者）の救済運動としてスタートします。当時、マウリヤ王朝が崩壊し、北方から異民族の流入が相次いでいたため、社会に混乱が生じた一方で東西の経済的・文化的な交流が活発化し、ゾロアスター教などの新しい宗教がインドにもたらされて、大乗仏教の教義として取り入れられていきました。この中で出てきたのが、阿弥陀如来への信仰（浄土教）です。一般的には、このように言われています。

この阿弥陀如来の「阿弥陀」（アミダ、アミターバ）という言葉。意味としては、「測定ができないほどの光」（無量光）、「測定できないほどの寿」（無量寿）ということなのですが、その語源は、昔から「謎」とされてきました。また、この「阿弥陀仏信仰は、仏教のなかで一種の終末論を展開した唯一の思想」（梶山雄一『「さとり」と「回向」』84頁）と言われ、仏教のなかでも独特の位置づけにあり、その誕生の経緯は謎とされてきました。

しかし、この阿弥陀は「アミダという都市からもたらされた」という意味で解釈すればいいと思います。西暦30年頃から200年頃にかけて、アミダという都市にいたのは…　そう、聖トマスと、聖トマス教会における後継者たちです。

聖トマス（または、その後継者たち）の主張は、「アミダの神」の主張として独り歩きし、商人などによってアフガニスタンから西北インドへと伝えられたことで、大乗仏教運動の理論構築に一役買ったのではないでしょうか。聖トマスたちが自ら動く場合には、「聖トマス」と名付けるでしょうが、そうなっていないことから考えると、聖トマスの後継者たちが、そのまま大乗仏教運動の担い手になったのではない、ということかも知れません。おそらく大乗仏教運動の運動家たちが、聖トマスの教えをシルクロードの商人たちなどから聞き、それを「アミダの神」（阿弥陀如来）として仏教に取り込んでいったのでしょう。

仏教説話と聖書に、よく似たエピソードがあることは良く知られています。東西の文化交流の中で、相互に影響を与えたことでしょう。大乗仏教の成立自体に聖トマスの教えの影響が強かったのであれば、仏典とキリスト教典に同時代に現れたエピソードもあったのかも知れません。実際、「サマリアの女」「ローマの慈愛」をはじめ東西共通のエピソードとしての有名な研究対象は多数あります。想像が膨らみますが、現実の話を特定することも、その証拠を探し出すことも至難の業でしょう。とはいえ、あくまでご参考までに、共通の（またはよく似ている）エピソードの例を一つご紹介しましょう。「貧者の献金」の話です。

イエスは、賽銭箱にむかって座り、群衆がその箱に金を投げ入れる様子を見ておられた。多くの金持は多額の金を投げ入れていた。ところが、ひとりの貧しいやもめがきて、レプタ銅貨2つを入れた。それは1クァドランスに当る。そこで、イエスは弟子たちを呼び寄せて言われた。「よく聞きなさい。あの貧しいやもめは、賽銭箱に投げ入れている人たちの中で、だれよりもたくさん入れたのだ。みんなの者はありあまる中から投げ入れたが、あの婦人はその乏しい中から、あらゆる持ち物、その生活費全部を入れたからである。」

（マルコ福音書12：41～12：44）

これと同様の話が、100～150年頃につくられた大荘厳論経の第22話にあります。ある娘が昼闇山に行き、人々が僧侶に供養するのを見た。自分も布施しようと思ったが、貧乏すぎて何も持っていなかった。改めて考えるに、便所で拾った2枚の銅銭があったので、これを布施した。布施を受けた僧侶は、呪願を唱え、彼女はやがて国王夫人となった。国王夫人となった彼女は改めてお礼参りをするが、僧侶は今度は呪願をしなかった。全財産を布施に出すのと、財産の一部だけを布施に出すのでは話が違うから、と理由が示されて終わります。つまり、内容的にはマルコ福音書のエピソードと同じです。

さて、娘が銅貨を見つけ出すシーンは、次のように表現されています。ここで注目したいのは、この2枚の銅銭です。

我獨貧窮無物用施。作是語已。遍身搜求了無所有。復自思惟。先於糞中得二銅錢。即持此錢奉施衆僧。

（大正新脩大藏經279c～280a）

紀元60年代にできたマルコ福音書において、植民地であるユダヤ地域のレプタ銅貨2枚は、宗主国であるローマ帝国の1クァドランス（コドラント）。ローマ帝国の通貨の最小単位）に該当するため、銅貨を2枚とすることには理由があります。他方で、紀元100年～150年ころのクシャーナ朝（北インドからアフガニスタンなどを支配した王国）で、仏教詩人アシュバゴーシャ（馬鳴）によってまとめられた大荘厳論経において、銅銭を2枚とする必然性はありません。そして、クシャーナ朝は、聖トマスが布教したインド・パルティア王国を併合し、文化を受け継いだ国でもあります。その意味で、この話は、キリスト経のエピソードが、東西文化交流の中で仏教に取り込まれた事例なのかも知れないと考えることができるように思います。

イエスの死の意味

さて、聖トマスに戻ります。聖トマス（アミダの神）の主張を知ると、なにが分かるのでしょうか。

それは「イエスの死」の意味だと私は思います。

フィリポの贖罪論は、「イエスの死は、イエスを捧げものとして、ユダヤの神に、われわれを救けてもらう儀式（宗教的行為）だった。その願いは聞き届けられたので、その結果、われわれはイエスと同様、自らを神殿として神と交信できるようになった」というものと考えられます。「すべての人を、一方的に断罪される可能性のある終末の恐怖から解放した」ところにイエスの意義があったと説明したからこそ、イエスの教え（特にヘレニスタイが伝える教え）は各地で積極的に受け容れられたのではなかったでしょうか。

他方、アミダの神の願いは、初期の聖典である「無量寿経」（スカーヴァティー・ヴィユーハ。「極楽の荘厳」という意味のお経）に24の誓願としてまとめられています。この誓願は、ローケーシヴァラ・ラージャという如来（阿弥陀如来）が未だ修行僧の頃に立てた誓い（誓願）で、「その誓いが成就しない限り如来にならない」とされていたものです。阿弥陀如来は、現在、既に如来になっているので、彼が立てた誓い（誓願）もすべて達成されているはずである、というものです。

〈第1誓願〉世尊よ、もしも、かのわたくしの仏国土に、地獄や、畜生（動物界）や、餓鬼の境遇におちいる者や、アスラ（阿修羅）の群れがあるようであったら、その間はわたくしは、〈この上ない正しい覚り〉を現に覚ることがありませんように。

〈第4誓願〉世尊よ。かのわたくしの仏国土において、ただ世俗の言いならわしで神々とか人間とかいう名称で呼んで仮りに表示する場合を除いて、もしも神々たちと人間たちを区別するようなことがあるならば、その間はわたくしは、〈この上ない正しい覚り〉を現に覚ることがありませんように。

（中村元ほか『浄土三部経（上）』（岩波文庫）33頁以下）


阿弥陀如来が出現した以降は人々が地獄に堕ちることはなくなった、と分かります。（こういった立場を主張したいがための大乗仏教運動だったのでしょう。）とすると、大乗仏教運動に、影響を与えたアミダの教え（つまり、聖トマスの布教）も、内容的には同様だったのではないかと推測できます。つまり、イエスのおかげで「われわれすべてが救われた」と説かれていたのではないでしょうか。

第6節　イエスは「発酵」に神の力をみたか

イエスの身体と血

イエスは、いわゆる「最後の晩餐」において、神殿との闘いの前に、自らの身体をパンに、血をワインに例えて弟子に受け取るよう促しています。ともに発酵食品である点が特徴的です。


一同が食事をしているとき、イエスはパンを取り、祝福してこれを割き、弟子たちに与えて言われた。「取れ、これは私の身体である。」

また杯を取り、感謝して彼らに与えられると、一同はその杯から飲んだ。イエスはまた言われた。

「これは、多くの人のために流す私の契約の血である。あなたがたによく言っておく。神の国で新しく飲むその日までは、私は決して二度と、ぶどうの実から造ったものを飲むことをしない。」

（マルコ福音書14：22～25）


発酵は、黴菌・酵母菌や細菌などの働きにより食物の状態が変化する作用です。例えばパンの場合、酵母菌が小麦に含まれる糖分を食べ、二酸化炭素とアルコールを排出します。これを、小麦に含まれるたんぱく質が結合してグルテンとなって受け止め、ふっくらと膨らみます。ワインの場合も同様です。ブドウの糖分を酵母菌が食べ、二酸化炭素とアルコールを排出することで、ブドウのジュースが薫り高き飲物へと姿を変えていきます。

発酵と似ているものの、大きく異なるものは腐敗です。


自分の内なる力で育ち、強い生命力を備えた作物は「発酵」へと向かう。生命力の強いものは、「菌」によって分解される過程でも生命力を保ち、その状態でも生命を育む力を残している。だから、食べものとしても適している。

反対に、外から肥料を与えられて無理やり肥え太らされた生命力の乏しいものは「腐敗」へと向かう。生命力の弱いものは、「菌」の分解の過程で生命力を失っていく。だから、食べものとしてはあまり適していない。

「天然菌」は、作物の生命力の強さを見極めている。リトマス試験紙のように、生命の営みに沿った食べものを選り分けて、自分の力で逞しく生きているものだけを「発酵」させ、生きる力のないものを「腐敗」させる。ある意味で「腐敗」とは、生命にとって不要なもの、あるいは不純なものを浄化するプロセスではないかと思うのだ。

（渡邉格『田舎のパン屋が見つけた「腐る経済」』１４１～１４２頁）

イエスが発酵食品をもって自分の身体と血とした意味は、明快だと思います。

パンやワインには、生地を膨らまし香りを引き出す力が備わっている。一つの形の中に閉じ込められたとしても、その中において、時間をかけて中身をよりよく変えていく力をもっている。人間も同じだ。この世に人間として生まれ、各人が与えられた環境内から抜け出ることは難しいようにみえるかも知れない。しかし、人間の中にも発酵する力がある。鍛錬し、思索することで、中身が変わり熟成される。人は、表情や態度、そして行動を変え、人生をも変えることができる。

これは、外から強制してもできないことだ。あくまで内なる自己を伸ばさなくてはならない。

発酵の神秘に驚嘆しつつ、その同じ力を自分たちの中にも感じよう。このように感じられることこそ、神性がわれわれにも一部共有されている証拠、神がわれわれに直接語り掛けている証拠であり、神との契約の証しだ。神によって与えられた生きる力・発酵力を充分に感じ取り、その力を分け与えてくれた神に感謝し、その力を最大限に活かして生きていこう。

おおよそ、このような趣旨なのではないでしょうか。その意味で、イエスが、地球上の他場所で生まれ育っていたとすれば、パンとワインを示したとは限らず、チーズ、ヨーグルト、味噌や納豆などを示した可能性もあると思います。

なぜ、このように考えられるか、という疑問もあると思います。イエスは熱心なユダヤ教徒でした。ユダヤ教において、霊（ルーアッハ）は、風や息吹という意味です。神の息吹がやってきて人や動物などに生命が与えられ、息吹（霊）が抜けると死に、土に還ることになります。この息吹が体内に留まっている「証」を、イエスたちは発酵に見出した、と考えられると思うのです。

イエスの律法感

イエスの律法は、モーセの律法からイエスが抜粋した2つです。


ひとりの律法学者がきて、彼らが互に論じ合っているのを聞き、またイエスが巧みに答えられたのを認めて、イエスに質問した。

「すべての戒めの中で、どれが第一のものですか。」

イエスは答えて言われた。

「第一の戒めはこれである。

『イスラエルよ、聞け。主なる私たちの神は、ただひとりの主である。心をつくし、精神をつくし、思いをつくし、力をつくして、主なるあなたの神を愛せよ。』(申命記6:4〜5)

第二はこれである。

『自分を愛するようにあなたの隣人を愛せよ。』(レビ記19:18)

これより大事な戒めは、他にない。」

(マルコ福音書12:28〜31)


人間に備わった「発酵力」との関係で敢えて書くとすれば、次のようになるでしょう。

> 真の生きる力(発酵力)を授けてくれた神を崇拝し、同じように発酵力を発揮して神の英知をたたえる仲間たち(隣人)とともに、より良い人生を生きるように努めなさい。これこそが神の律法である。

聖パウロの「ガラテヤ人への手紙」も、この観点から捉えなおすべきものと思われます。

生きているのは、もはや、私ではない。キリストが、私のうちに生きておられるのである。…私は、神の恵みを無にはしない。
（聖パウロ「ガラテヤ人への手紙」２：20～21）

関連するイエス自身の言葉も、確認しておきましょう。

あなたがたがそんな思い違いをしているのは、聖書も神の力も知らないからではないか。…神は、死んだ者の神ではなく、生きている者の神である。あなたがたは非常な思い違いをしている。
（マルコ福音書12：24～27）

彼らのためだけではなく、彼らの言葉によって私を信じる者たちのためにもお願いいたします。父よ、あなたが私におられ、私があなたにいるように、みなが一つとなるためです。（ヨハネ福音書17：20～21）

トマス福音書（１１３節）にある「父の国は地上に拡がっている。そして、人々はそれを見ない」にも通じる指摘と思われます。イエスが、内面のあり方を外から強制されたルールよりも重視している事例は、「よきサマリア人」はじめ他にも多数挙げられるでしょう。

さて、外生的なルール（律法）を重視する必要がないとイエスが主張する理由は、どこにあるのでしょう。イエスの師である洗礼のヨハネは、このような言葉を残しています。

自分たちの父にはアブラハムがあるなどと、心の中で思ってもみるな。おまえたちに言っておく、神はこれらの石ころからでも、アブラハムの子を起すことができるのだ。
（マタイ福音書３：９）

ユダヤの律法の中で最も大切なアブラハムの律法ですら、神の一存でどうとでもできる、ということです。アブラハムの律法に基づいたモーセの律法は、言わずもがなです。実際、すでにモーセの律法は形骸化しており効力を失っていると指摘されていました（イザヤ書42：24など）。

イエスの律法観は、師である洗礼のヨハネの思想と同様、モーセの律法が形骸化していることは当然としつつ、その土台となるアブラハムの律法を、その根源としての「神の力」（生命力、発酵力）にさかのぼって捉えなおしたものと言えるでしょう。アブラハムの律法に依拠しているため、モーセの律法という派生形態の一つを理由に非難されたとしても、まったく動じなかったのです。そして、神を（発酵を通じて）身近に感じているために、孤独を感じなかったのです。

第4章　経営目線で見たイエス教団

第1節　教団の目標設定

不条理に立ち向かう

目標の設定においては、自己の置かれた状況を冷静に見極めることが重要です。というのも、したいことを中心に計画を立てるよりも、外部環境を踏まえて、出来ないこと、してはいけないこと、あってはならないことを見極め、それを制約条件として、達成したいこととの折り合いをつける方が計画は立てやすいからです。

そして、この「あってはならないこと」は分かります。洗礼のヨハネがヘロデ王に処刑されたように（または中世における魔女狩りのように）、いわれのない理由で「イエスの活動が強制的に停止されること」そして「イエスが処刑されること」でしょう。

イエスを中心に、本当の神の教えを伝えていくということは、多数派ユダヤ教徒たちのいる場所で、多数派（つまり、他人の主張に無関心でいても良心が痛まない人々）をも対象として、自らの主張を伝えていくことでもあります。強権による布教禁止という不条理を恐れつつも、人びととの連帯を勝ち取ることが可能か？　どのようにすればよいか？　この点が課題となったことでしょう。

この点について、参考となりそうな考え方を見てみましょう。

ノーベル文学賞を受賞したアルベール・カミュというフランスの作家の名前を聞いたことがある方は多いでしょう。第2次世界大戦中、ナチス軍に占領されたパリで、レジスタンス運動に参加した経験があり、病気、死、災禍、戦争、全体主義といった不条理・暴力に対して、人間が人間らしくあるとはどういうことかを考え抜いた人文主義者（ユマニスト）です。自分にできることを地道に実行することの中にこそ希望があると喝破し、思考停止を招く上位概念（宗教、イデオロギーなど）を妄信することを拒絶しました。

> 不条理の体験では、苦悩は個人的なものである。この不条理に立ち向かう行為は、それが始まると、人々に共通のものとして、万人のための冒険となる。だから、「自分の居場所がない」ように感じている精神は、この意識が万人と分かち合っている意識であると認め、「人間的現実は、総じて、自己からも世界からも引き離されている距離に悩むものである」と認識することによってはじめて進歩することができる。
> 一個人を苦しめていた病気が、集団的ペストとなる。日々の苦難に立ち向かうことは、「われ思う」（コギト）と同様の役割を果たす。立ち向かうこと自体が、明らかな証拠となり、われわれを孤独から引き出してくれる。…
> 「われ立ち向かう。ゆえに、われら在り」
> （カミュ『反抗的人間』25頁一部改訳）

世の中の不条理に立ち向かう人が増えることで、人は孤独から引き出され、連帯することが可能となる。こうして、デカルトの「われ思う、ゆえにわれ在り」（コギト・エルゴ・スム）を踏まえつつも、カミュは、「われ立ち向かう、ゆえにわれら在り」と単数形で立ち向かうのにも関わらず、存在が複数形となる可能性を見出しました。

多くの人々が否応なく向き合わなければならない社会状況は、たいていの場合、仕方ないものとして諦めの対象になっています。それが多数派を多数派をたらしめ、少数者を無視・排除し、制度を存続させる力になっていています。当時、モーセの律法は実態において守る者は少ないのにも関わらず、制度上は全員が守っていることが前提とされていました。つまり、できないことが制度の前提となっているという意味で、当時の多数派ユダヤ教は、ある種の政治的イデオロギーの一種だったと言ってもよいでしょう。「これは仕方ないことだ、そういう時代だ」という諦めに適切に立ち向かうことができれば、それは、同じような違和感を覚えている人たちを連帯させるきっかけになるはずです。

幸い、イエスの側には、「真の神が与えてくれた「真の生」に目覚め、アブラハムの律法に立ち戻れ」という大義がありました。当時の「多数派ユダヤ教」「モーセの律法」という政治的イデオロギーに対し、「真実の生」の実現のために、「真のユダヤ教」を味方につけて立ち向かうのです。そのためには、「真実の生」を希求する人たちとの連帯、当時の社会のあり方に違和感を覚える人たちとの連帯を図ることが求められます。

目標設定と組織のあり方

発足当初（教団としての体制整備前）のイエスや聖アンデレに出来ることは限られています。

布教の目的は、神の国が来る前に、人々に、神との自分とのつながりを自覚させること。その対象は、最終的には、すべての人類。（多ければ多いほど良い。）

この実現のための第一歩としては、「真実の生」を希求する人たち、そして、当時の社会のあり方に違和感をもつ人たちを見出し、連帯することが目指されたことでしょう。

しかし、多くの人々がイエスの居場所に来訪する形をとると、洗礼のヨハネと同様、当局から反乱準備、治安を乱す存在として目を付けられ、活動が阻害される危険があります。そこで、自分たちから各地を巡るという手法を採用することになったものと思われます。中核となる組織は出来る限り軽いものとしつつ、各地で信者コミュニティをつくり、イエスの教えが各地で自生的に広がっていくことを目指したのではないでしょうか。

洗礼のヨハネの教団は、ヨハネ処刑後に解散させられ、信者たちは故郷に強制送還されたと考えられます。洗礼のヨハネの下には「エルサレムとユダヤの全土とヨルダンの全流域から」人々が集まった（マタイ福音書3：5）とされています。そのため、信者の強制送還によって、洗礼のヨハネの高弟としてのイエスを見知っている人々は、各地に点在していたことでしょう。ヨハネ教団の信者たちは、イエス教団が布教場所のあたりをつける際に参考になったのではないでしょうか。

なお、ここには、いわゆるキリスト教的な怨恨（ルサンチマン）感情はありません。黙示録で定型化された「絶対的な力をもつ神が、いつの日か悪い支配者たちを罰して、われわれを救済してくれるはず」といった構図は、後代になって発生した教義で、イエスや聖アンデレには、そのような考えはないからです。むしろ、われわれの住む「神なき世界」に対し、本当の神の教えを伝えるために、イエスや聖アンデレには、（結果がどうなろうとも）自らの信念に従い、真摯に、自ら動く必要がありました。当時のイエス教団には、まるでベンチャー企業を創業する時のような、前向きな気概があふれていたと思われます。

第2節　信者ネットワークの形成

布教の旅の特徴

イエスの一行は、イエス及び弟子たちと、その家族（妻子など）です。イエスと12弟子、そしてその妻たちだけでも20人超。そこに子どももたちもいたとすると、概ね30人から40人規模で、生活拠点を移動させながら布教を続けたものと思われます。

イエスの布教は、主にイスラエルの北部エリアで展開されていました。利用できるネットワークは洗礼のヨハネ教団の信者ネットワークだったでしょう。

布教対象はどうでしょう。イエスの布教は、特に貧民層に受け入れられました。社会秩序に押しつぶされそうになりながら生活を続ける人たちに受け入れられたことは、注目すべきポイントです。

イエスの布教の旅の費用は、同行する女性たちの資金だけでは不足する可能性もあります。各地で寄付を募りながら、移動したと考えるのが妥当でしょう。現金を身にまといながら移動する以上、資金管理は教団幹部の目で見て信頼のおける人に託したことでしょう。（教団の資金調達については、追って改めて検討しましょう。）

人々の受け入れ方

各地でのイエスたちの受け入れられ方はどうでしょう？　安息日に会堂で教えを垂れることもありました。一人一人と仲良くなり、村に入れてもらうこともありました。村の中に入れず、病人を村の外に連れ出してもらうこともありました。野次馬に追いかけられることもありました。もちろん、きちんと歓迎してもらうこともありました。千差万別だったことが分かります。インターネットもテレビもなく、新聞などもなかった時代です。他の村の状況を把握する手段は限られていたことでしょう。各地での出迎え方（イエス教団の受け入れられ方）が大きく異なるのは無理はありません。

ここから分かることは何でしょう。イエス教団は、知り合いのつてをたどって布教していますが、そこで初めて出会う人々を魅了し、仲間（信者）にしたということです。

なぜそれが可能だったのでしょうか。

印象に残った理由

初対面でも魅了されるには、いくつか要素があるように思われます。

まず第一に、非日常性。

日常の平凡な経験とは質的に異なる経験は、なかなか忘れがたいものです。各地で起こした奇跡は、非日常そのものです。ただ、奇跡がなかったとしても、他所から30～40人規模でやってきて、また去っていったイエス教団は、村々の平凡な日常とはことなる非日常的な存在であったことは論を待ちません。

第2に、話の巧みさ、面白さ。

イエスの話は、たとえ話が多く、面白く、飽きさせません。それでいながら、現実を鋭く突きさす警句を含み、心をざわつかせずにはいません。浅くも深くも聞ける話なので、単なる宗教講話を超えて、一種のエンターテイメントとして受け止められた向きもあったでしょう。

第3に、主張の過激さ（突拍子のなさ）。

イエスは、神はすべての人類を救うと主張しました。しかし、多数派ユダヤ教徒は、そのようには考えていません。多数派ユダヤ教徒にとって、モーセの律法はすべて守るべきものであり、神に対して不誠実な場合は、救われないという恐怖があり、それが社会システムの基礎にあります。しかし、そういいながらも日常的な律法からの逸脱については見て見ぬふりをしています。極論すれば、多数派システムに入らない人々を差別することで精神的な安定を享受していたわけです。

しかしイエスは、モーセの律法ではなくアブラハムの律法に立ち返ることでモーセの律法を批判し、すべての人類の救済を主張しました。このことは、人々の日常的な道徳観への挑戦になりますが、自己の救済に自信がない人にとっては、この言葉だけで救済が与えられるものでもあります。強烈な印象を残したことは間違いないでしょう。

第4に、真摯さ。

イエスだけではなく、そばに仕える聖アンデレたちからも、全人類が救済されると真剣に考えていることが、実際に教団の様子をみることで理解・納得できたことでしょう。

それぞれの地域におけるコミュニティに、イエスたちの教えが、それぞれに浸透しているのは、正に、こういった体験を通じ、人々がイエスに魅了され、人格的陶冶を経たからと言えるでしょう。

力なき者たちの力

イエスの布教は、各地に点在する分散型コミュニティそれぞれに、イエスの教えを一本、串のように通そうとする動きのように見受けられます。しかし、この分散型コミュニティを中央集権的に一元管理しようとはしていません。このような状況で、本当に教えは広がっていくのでしょうか？

参考になる例を挙げたいと思います。チェコのヴァーツラフ・ハヴェルのとった手法です。ハヴェルは、チェコ・スロヴァキアを共産主義（ハヴェルの言葉でいう「ポスト全体主義」）の軛から解き放ち、民主化を導いた政治家として知られています。その主著『力なき者たちの力』には、イエスや聖アンデレが面していた当時の社会にも同じようなことが起きていたのではないかと思わせられる状況が描かれており、いくつかの重要なポイントが指摘されています。

(1)「真実でない」教義が流布している意味

ハヴェルが直面した「イデオロギー」・「ポスト全体主義」（共産主義）は、当時としては、イエスや聖アンデレにとって真の神の教えとはいいがたい「多数派ユダヤ教」・「モーセの律法」として読み替えられるでしょう。

イデオロギーは、本質的にきわめて柔軟であるが、複合的で閉鎖的な特徴から世俗宗教のような性格を帯びている。…このイデオロギーは、人びとに催眠をかけるような特殊な魅力を持っている。さまよえる人びとに対して、たやすく入手できる「故郷」を差し出す。あとはそれを受け入れるだけでいい。そうすれば、ありとあらゆるものが明快になり、生は意味を帯び、その地平線から、謎、疑問、不安、孤独が消えてゆく、もちろん、この安価な「故郷」に対しては大きな犠牲を払わなければならない。自身の理性、良心、責任を放棄しなければならない。なぜなら、イデオロギーの代用には、理性や良心を支配者の手に委ねることが不可欠であり、つまり、中央の権力と中央の真実を同一視するという原則が生じるからである。
（ヴァーツラフ・ハヴェル『力なき者たちの力』２：３）

この結果、不都合が起きます。

ポスト全体主義体制が目指すものと生が目指すものとのあいだには、大きな亀裂がある。

生はその本質において、複数性、多様性、独立した自己形成や自己編成、つまり自身の自由の実現に向かうのに対し、逆にポスト全体主義は、統一、単一性、規律へと向かう。生がたえず新しい「ほんとうにありそうにない」仕組みを造ろうとするのに対し、ポスト全体主義は「ほんとうにありそうな状態」を生に強いる。……

すべてを信じる必要はない。だが、まるで信じているかのように振る舞わなければならない、いや、せめて黙って許容したり、そうやって操っている人たちとうまく付き合わなければならない。

だが、それゆえ、嘘の中で生きる羽目になる。

嘘を受け入れる必要はない。嘘の生を、嘘の生を受け入れるだけで充分なのだ。それによって体制を承認し、体制を満たし、体制の任務を果たし、体制となる。
（ヴァーツラフ・ハヴェル『力なき者たちの力』第４節）

イエスや聖アンデレたちの場合に引き直してみましょう。当時、モーセの律法が形骸化したのは、日常の細かい点まで規制をし、そのために「信者」ですら遵守できなくなっていたからです。モーセの律法は、モーセが生きた非定住型生活スタイルには適合していたでしょうが、その後、定住が進んだ当時の社会体制の中においては、結果的にはイデオロギー化し、当時の人々に対し「嘘の生」を強要していたように、イエスたちには見えていたのではないかと思います。イエスが「生きる者の神」の意義を説き教条主義に背を向けたこと、アブラハムの律法という「真実の生」の教えに勝機を見出していたことは、このような背景があってこそではないでしょうか。

（2）考えられる突破口

とすると、「嘘の生」を打破するための突破口も、「真実の生」による真摯な態度に求められることになるでしょう。

「嘘の生」は、体制を構成する支えとして機能するのは、それがすべてに関わるという全体がある場合に限られる。その原則は、ありとあらゆるものを包囲し、ありとあらゆるものに浸透しなければならない。「真実の生」と共存することはありえない。「嘘の生」から外に出ることは、それ自体、「嘘の生」という原則を否定し、その全体性を脅かすことになる。

体制の基本的な支柱が「嘘の生」であるとしたら、「真実の生」がその根本的な脅威となるのは当然である。それゆえ、「真実の生」は、何にも増して厳しく抑圧されることになる。

生が目指すものを擁護し、人間を擁護することははるかに現実的であるばかりか――これは今すぐ始めることができ、はるかに多くの人びとの賛同を得られ（なぜなら、あらゆる人の日常に関係するからである）――、同時に（まさにそのために）他に比較できないほど着実な道程となりうる。というのも、ものごとの本質を目指しているからである。

（ヴァーツラフ・ハヴェル『力なき者たちの力』第7節、第16節）

（3）人びとの連帯の在り方

こうして、人びとが「真実の生」に目覚めることで、信頼、寛容さ、責任、連帯、愛といった諸価値を回復し、「人間的な内実」を起点とする構造の制度化がもたらされるでしょう。

「外へ」出たい野心に共有されたものではなく、あるコミュニティは意義深いという共通の感情が共有された構造である。構造は、開かれ、ダイナミックで、小さいものとなることができ、そうあるべきだろう。形式化した組織の静的なまとまりよりも、具体的な目的のために熱狂して、その場で生じ、その達成とともに消えていく組織がいいだろう。指導者たちの権利は、その人格から生じるべきであって、その人物は周囲の人びとによって確認されるべきであって、単なる特権的な階級によるべきではないだろう。人間としての大きな信頼を有し、それにもとづいて大きな権力を有すべきだろう。それが、信頼よりも相互不信に、責任よりも集団的な無責任にしばしばもとづく、古典的かつ伝統的な民主主義組織から脱する唯一の道だろう。

（ヴァーツラフ・ハヴェル『力なき者たちの力』第21節）

もう一度、イエスと聖アンデレに引き付けて考えてみましょう。神とのつながりを感じることができた人を、イエスと同様、一般名詞として「人の子」と呼ぶことにします。そうすると、人びとの中に「人の子」の自覚をもつ人々を増やし、その「人の子」たちが連携し合うことで新たな展望が開け、この世は、神の来臨を安心して迎え入れることができるようになる、ということになるでしょう。

注意すべきは、イエスたちは「神の来臨」（終末）が近いと考えていたため、未来永劫続く組織を志向してはいなかっただろう、ということです。神の来臨前に、真実の教えを説くことで、「人の子」を増やすことこそ、教団の目標だったという点です。

言ってみれば、「人の子」は、薪や炭のようなものかもしれません。木の枝（人間）は、薪や炭（人の子）となることで火（真実の生）に反応できるようになり、自らがその火を支える一部であることを自覚するとともに、その火が燃え続ける限り、たとえ物質としての薪や炭が灰になったとしても、真実の生に生き続けることができる、ということでしょう。人の子の自覚を持った者同士が、互いに、信頼、寛容さ、責任、連帯、愛といった諸価値に基づいて人生をまっとうすれば、よりよい連携の在り方、組織の在り方を模索し、世の中を改善できるとイエスたちは信じていたのではないかと推察されます。

イエス生前のネットワークの特徴

以上をまとめると、つぎのようになるのではないでしょうか。

●イエス教団は、「本当の神の教え」（真のユダヤ教）をもって、真実の生を生きることを決意し、その教えを真摯に広めることを目指した。
●しかし、一か所に信者を集めたために斬首された洗礼のヨハネの事例を踏まえ、公権力に妨害されることはあらかじめ避けていた。そのため、神殿に代わるような拠点を構築することはせず、みずから各地を布教して回るという方法を採用するに至った。
●布教開始から当面の間は、主にガリラヤ湖を中心とする北部地域での布教に努めた。
●各地を回るにあたっては、おおまかには洗礼のヨハネ教団の弟子たちのいそうな町を目指して動いていたが、基本的には出たとこ勝負であり、真摯に向き合った。
●このようにして、イエスたちは、「真の生」に気づいた人たちの分散型ネットワークを構築し、来るべき日（神の来臨＝終末）に備えようとしたのではないかと見受けられる。

第3節　教団の運営

イエス教団の規模

イエス教団を維持・運営するには、どれくらいの規模のメンバーや体制で、何を資金源としていたのでしょうか？　イエス教団の規模を図るには、２つの捉え方があると思われます。

	構成	人数
狭義	イエスの布教の旅に従ったメンバー。（イエス、弟子およびその家族等。）	上記メンバーに加えて、布教各地での信者コミュニティ、信者ネットワーク。
広義	当初は数名。神殿との対決の頃は、30〜40名程度。	把握しがたい。（仮に、各所平均20名程度がイエスの教えの賛同者とし、３年間で50か所に布教したものと想定すると、１，０００名程度が、イエスに直接教えを受けた賛同者コミュニティとなっていた可能性がある。）

イエス教団の収支

一旦、イエス教団は狭義の30〜40名程度のこととし、その収支を考えてみましょう。

まずは、資金の使い道（資産、費用）を考えましょう。

(1)資産の部

イエス教団は、旅をしながら布教するという新しい布教スタイルを採用しています。そのため、資産としては軽いものが多かったと思われます。具体的に想定されるのは、衣服をはじめとする身の回りの品、そして現金でしょう。

(2)費用の部

費用として現金を使う場合の使途としては、主に以下が考えられます。

1. 主要メンバーの生活資金
2. 布教のための旅費
3. 布教先各所での聴衆への食事等の提供のための資金
4. 神殿との対決に向けた工作資金の積立て

40名程度の規模で宿に泊まりながら移動するため、食費と宿泊費が最大の課題だったように思われます。この支払をしながら、(神殿との対決にあたってアリマタヤのヨセフを仲間に引き入れたように)有力者とのつながりを構築・維持するための工作資金を捻出していたのでしょう。

次は、資金調達(収入、純資産、負債)です。

(3)収入の部

イエス教団として、なんらかの事業をしたというような記載は聖書にはありません。従い、実際のところは分かりません。

図4 イエス教団の貸借対照表、損益計算書の各費目

貸借対象表(BS)	
【総資産】 ●衣服など ●身の回りの品 ●現金など	【負債】 ●借金
	【純資産】 ●寄付金 ●過去の貯金

損益計算書(PL)
【収入】 ●寄付金 ●販売益(手工芸など)
【費用】 ●生活費(食費など) ●旅行費(宿泊費など)

仮に今の世の中において新興の宗教団体を立ち上げようとする場合、例えば、①寄付の受付、②教祖による本などの出版、③聖別されたものの販売、④相談者へのコンサルティング（宗教的な赦しの付与）、⑤その他商品やサービスの販売などが資金源として考えられるでしょう。イエスや聖アンデレには、これらの手法を採用した可能性はあるのでしょうか。念のため、確認してみましょう。

①寄付の受付

この点は、否定する理由がありません。資金でも（ルカ福音書８：３）でも、食物でも（ヨハネ福音書６：８〜９）受け取っています。

寄付者は、自分にとって大切な価値観を実現してくれる存在に対して寄付を行います。そのため、寄付を募るにあたっては、自らの価値観を明確化し、ミッション化した上で、価値観を共有できそうな人に対して、友愛の念と理性をもって説得を行うことが求められます。

イエス教団の場合、生きているものすべてに魂の救済を認めようとするものですので、死後の魂に不安のある人にはすべて共感を得られる可能性がありました。こちらから各所に出向くという布教スタイルは、現地の情報を基に説教することを可能にします。イエスやペテロの情熱的な説教もあり、人々の共感を得るのは、比較的容易だったのではないでしょうか。

②教団としての著作物の出版

そもそも難しいと思われます。ヨハネス・グーテンベルク（Johannes Gutenberg）が出版技術を確立したのは、15世紀半ばと言われています。それまでの間、原稿を一つ一つ書き写して販売することは理屈上は可能かも知れませんが、「神の国」の到来までの限られた時間と競争するように布教していたイエスたちが、文書等を通じた布教をしたり、その販売で収入を得ようとした可能性は無いと言えるでしょう。

③聖別されたものの販売

イエスたちが、皿や壺、像、十字架、絵画などを聖別して販売することはできたかも知れません。中世ヨーロッパのカソリック協会のように免罪符を売却することもできたのかも知れません。

しかし、これは、イエスの考える「神」のイメージとは異なります。イエスたちが、この手段を選択する可能性は「無い」でしょう。

④相談者へのコンサルティング

イエスは各所で救済や赦しを与えています。これに対し、お礼として金銭が渡されることはあったでしょう。その意味で「肉体的・精神的な治癒」サービスをもって資金を得ていたという可能性はあるでしょう。

つまり、イエスは人々を救うために、他方で、管理部門としては活動資金を得るために、資金残高を見ながら、意図的に救済パフォーマンスを集中的に行うことはあったのかも知れない、と思われます。

⑤その他商品やサービスの販売など

この点も、聖書には記載がありません。同行する女性たちからの寄付（ルカ福音書８：３）を深読みするならば、同行する女性たちが、服を直したり、手工芸品を販売したり、といった内職を行い、その販売を通じて活動資金を得ていた可能性は否定されません。

以上をまとめると、基本的には寄付を募りつつも、同行する女性たちが手工芸品などを作成・販売して活動資金・生活資金を捻出していた可能性はあるかも知れない、ということになるでしょう。

（4）純資産の部

イエスたちの手持ち現金に加え、収入の部で獲得した現金があれば追加される、ということとなります。基本的には、過去の蓄積を取り崩しながら布教したと考えるのが自然でしょう。

（5）負債の部

ここは分かりません。有力者からの寄付が、場合によって（形式的に）融資であった可能性はあるでしょう。「真の神」に対して自分の魂を救済してもらうにあたって、イエス（エリシヤの生まれ変わり）に対し、「寄付した」という過去の事実を出す方がいいか、「金を貸している」という現在進行形の関与の仕方を示す方がいいかは、資金を出す方の選択によるからです。

これは、イエスにとってはどうでもいい話でしょうが、事務方としては、返済義務の有無を把握しておく必要のある話になります。（必要かどうかは未だ不分明ですが、イエスの死後、管理部門（特に聖アンデレ）がどう動いたかを把握するには役に立つかも知れないため、念のため付記しておきましょう。）

まとめ ～イエス教団の運営

イエス教団の内部が40名程度とすると、お互いの顔が見える規模であるため、比較的容易に運営管理できたものと思います。

布教先の選定にあたっては、洗礼のヨハネの下に来ていた弟子や巡礼者であって、出身地が分かっているものを頼ったでしょう。現地についたら、お目当ての人物を探し出して、その人物か、その周辺で影響力のありそうな人物にイエスを会わせ、全人格的な陶冶と帰依ができないか探るという活動を繰り返したものと思われます。その意味で、イエス教団の運営方針は、いたってシンプルだったように思います。

しかし、この布教活動は、おそらくトラブルの連続だったことと思われます。布教先の選定、その場所を目指した移動、ターゲットとの人間関係構築・トラブル対応、移動の間の病気や体調不良への対応、活動資金の獲得、支援者の獲得、妨害者への対応…他にもさまざまなことが発生し、布教活動を邪魔しないように対処しなくてはなりません。そのような中で、トラブルを未然に防ぎつつ、教団の人々の気持ちを一つに保つマネジメントが出来ていたことは、奇跡と言っていいでしょう。イエスや聖アンデレは、自らの人徳に頼るのではなく、むしろ、現場からのフィードバックを大切にし、適切・適時に反応して問題を未然に防いでいたのではないでしょうか。まさに「無事是貴人」です。

イエスや聖アンデレが去った後の教団が早々に分裂したことを見ると、逆に、イエス教団においては、憧れとしてのイエスの「リーダーシップ」と、よき管理者としての聖アンデレの「マネジメント」が上手く連携しながら機能したことが良く示されているように思えてなりません。

第4節　教団の発展 ～ヘレニスタイの躍動

イエスの死によるネットワークの拡大

イエスの死によってネットワークがどのように変化したのかも検証しておきましょう。

(1)最初の「キリスト者」

イエスの信奉者たちが初めて「キリスト者」を名乗った場所は、後に5本山の一つとなるアンティオキア（使徒行伝11：26）です。この土地は、初めての異邦人伝道の教会（使徒行伝11：19～30）でもあり、聖アンデレの部下であった「アンティオキアの改宗者ニコラオ」のゆかりの地（使徒行伝6：5）でもあります。異邦人とディアスポラの混合教会で、ユダヤ的伝統に固執していません。

イエスの死後、イエスを信奉する人たちが、従来のユダヤ人とは異なる形で自覚的に集団を結成したのがアンティオキアだったことが分かります。アンティオキアは、エルサレム一派とは対立（使徒行伝15：1～35）していますので、義人ヤコブやペテロ（ヘブライオイ）とは異なる意図をもった集団で、ヘレニスタイの拠点の1つであったと分かります。

(2)イエスの「死」の効果

有名人の死、それも劇的な死は、噂として広がりやすいばかりでなく、哀れみや同情、時に後悔を呼び覚まします。しかも、その人物は、生前、自分たちのところにわざわざ訪れ、「真の生」について説いて、自分たちの魂の救済を約束してくれた人です。

イエスが会った人たちは、イエスになにごともなければ、やがてイエスのことを忘れていたかも知れません。生前は諸事情から援助することがむつかしかった人もいたでしょう。しかし、短期間でイスラエルの主要部分を廻ったイエスが、その記憶も覚めないうちに劇的に「神殿の関係者に十字架にかけられて死に、その後、復活した」訳です。生前のイエスを知っている人々は、洗礼のヨハネ（エリヤの生まれ変わり）とも合わせて、「やはりあの時、イエス（エリシヤの生まれ変わり）のことを聞き、もっと親しく交流すればよかった」などと後悔したのではないでしょうか。その結果、「イエス贔屓」といった心情が生じ、その神性を印象づけられたことでしょう。

要するに、イエスの死は、イエスの主張の「正しさ」を人々に信じ込ませるための、大きなきっかけになったのであろうと思われます。

地道な布教の旅という土台があったおかげで、この2つの出来事によって、潜在的なイエス信奉者が一気に顕在化していったと言えるでしょう。

興行化する布教

この機を逃さずに、布教に励んだのが、聖フィリポと、その弟子シモンでした。二人は、布教を興行化していきました。シモンと、妻ヘレネによる布教興行は各地で成功を収めたようで、この結果シモン自体が神格化までされた、と言われたようです。

> サマリア人でギットという村の出身のシモンという男がいた。彼は…帝都ローマで魔術を行って神と見なされ、ティベル川にかかる二つの橋の間に像を建てられた。その像には、ラテン語で「SIMONI DEO SANCTO」(聖なる神シモンに)と刻まれた。(ユスティノス『第一弁証論』1:26)

興行化を図った気持ちはよく分かります。現在のわれわれですら、優れたコーチや教師を亡くしてしまった時、大きな喪失感にかられます。「先生が僕らに授けてくれた素晴らしい知恵が、すべて失われてしまう。現に、ペテロは正統派ユダヤ教に寝返ったじゃないか…」イエスの弟子である聖フィリポが、そう焦ったことは想像に難くありません。そこで、才覚ある弟子シモンに、「すべてが失われる前に、自分たちが身近で学んだ教えを多くの人と共有する。特に、ローマ帝国内でも多くの賛同者を得る」という課題を与え、興行化の推進を後押ししたのでしょう。「何をしていても最後に救われる」という教義である以上、その教えは周知される価値はありますので、戦略は、見事にあたったと言えるでしょう。

ヘレニスタイは、ギリシャ系でもあるため、共通言語であるギリシャ語（コイネー）の使い手であったと思われます。聖トマスの足跡でもみたように、彼らはギリシャ都市を中心に、政治・経済の中心地を巡って、イエスの教えを説いたとみられます。

グノーシス主義の発展基盤に

グノーシス主義は、ヘレニスタイを基盤に発生・発展し、ローマ帝国の主要都市を席巻しました。正に、イエスの教えが拡散していったのです。

こう見ると、なぜグノーシス思想が、キリスト教の「最大の」異端・敵と言われるのかも分かります。キリスト教が、グノーシス思想に共鳴する人々を吸収する（宗教的な基盤を乗っ取る）形で発展したからです。キリスト教の宗教基盤が未だ脆弱な中、クラウディウス帝の頃から１００年程度かかってグノーシス思想を駆逐し、世界宗教として発展する基盤を整えたのですから。キリスト教が追いつき、追い越すことを目指した唯一の宗教思想という意味では、「最大の」異端・敵という言い方は、あながち不当とは言えないでしょう。

第5章　聖アンデレは何故忘れられたか

第1節　ヘブライオイとヘレニスタイとの対立

イエスの一番弟子であった聖アンデレが忘れられたのは、後世に残った主流派にとって不都合な要素があったということでしょう。主流派を形成したのはユダヤ系キリスト教徒のヘブライオイですし、聖アンデレはギリシャ系なのでヘレニスタイたちとも友好的だったでしょう。

本書では、この対立は、イエスの神殿との対立の時にはじまったと考えます。「はじめに」に記載した疑問を踏まえ、以下、イエスの神殿との対立（磔刑と復活）を見てみましょう。

師イエスがつかまってリンチにあい、部下であるユダが殺されてシケル銀貨30枚が奪われ、兄弟同然のペテロが、師イエスのことを「そんな男は知らない。これが嘘なら呪われてもいい」と逃げ回った日、教団のCFOであった聖アンデレは、一体どこにいて、何をしていたのでしょうか？そして、何を考えたのでしょうか？

第2節　イエスの磔刑と復活

イエスの磔刑と復活は謎だらけ

さて、イエスの磔刑と復活は、キリスト教信仰の核心でありながら、謎に包まれています。各福音書で必ずしも同じ内容が書かれているわけではありません。

概略は似通っています。イエスは、エルサレムに向かい、郊外に泊まりつつ、日中、エルサレムに向かい、なんどか神殿に入っているとされています。その際、さまざまな議論をしていますが、その一方で屋台をなぎ倒してもいます。その後、ゲッセマネという場所で地元の人々につかまり、宗教上や政治上の権力者の前に引かれていき、十字架に磔けられ絶命します。その後、その日のうちに磔から下ろされ、3日後に復活したとされています。

なぜイエスが捕まったのか、イエスが何をしたのかといったことはよく分かりません。また、残忍・冷酷で知られたローマ提督ピラトがなぜイエスに甘かったのか、アリマタヤのヨセフはイエスを十字架から降ろす前にローマ当局に何を確認したのかなどなど、様々な疑問点があります。この時に何が起きたのかが理解できれば、歴史的な存在としてのイエスたちについても、理解が深まるはずです。

神殿との闘い

イエス教団がエルサレムに入ったのは、「過ぎ越しの祭り」の期間です。過ぎ越しの祭りというのは、モーセがユダヤ民族をエジプトから脱出させる際に、ユダヤ人を選んだこと（ユダヤ人たちについては神が過ぎ越したこと）を祝うお祭りです。

しかし、なぜ、この時期に、イエスはエルサレムに行ったのでしょうか。それは、この祭りが、神と大祭司が交感する年一回の貴重なタイミングだからです。イエスの神殿との闘いは、「本来の神殿のあり方」を巡り、神殿に奉仕する人々に対してのイエスの孤独な闘いでした。「時は満ち、神の国が近づいた。悔い改めて、福音を信じなさい」（マルコ福音書1：15）というメッセージを人びとに伝えてきた集大成として、エルサレムに向かいました。イエスは、大祭司と向き合い、神に自らの正統性を判定してもらう覚悟で神殿に乗り込んでいったものと思われます。

イエスは、たびたび、神と人間は直接交信できると説いています。そして、先例を盲目的に踏襲することについては、批判的です。他方で、ユダヤ神殿の側は、年に一回、神と大祭司が過ぎ越しの祭りの際に「至聖所」において交信するとされ、庶民が神と交信することは否定しています（民数記16：1～17：28など）。

また、「神の国」という場所において人々が本来の姿に還るのであれば、神との交感の権限を集約するエルサレム神殿を壊し、交感の権限を人びとに解き放つことは、イエス自身の自己解放（イエスの心中の一抹の不安の解消）にもつながっており、ゆずれない闘いとされたことでしょう。

	イエス	神殿関係者
神との交信	すべての人が可能。	大祭司のみ可能。
交信場所	すべての場所で可能。	神殿内の「至聖所」のみ。
更新回数	いつでも可能。	最大で年1回。
救済対象	だれでもが対象。	律法を守るユダヤ人のみ。

とすると、イエスが対決するにあたって真っ先に狙うべきは「至聖所」であるべきでしょう。

> この至聖所はエルサレムの一番高台に位置している。そのいくつかある扉には、黄道十二宮と天体総図を刺繍した紫と緋色の垂れ幕が掛けられている。そこは神の栄光が顕在する場所だ。そこは天界と地界が交わるところで、万物の中心である。かつてはここに神の掟を入れた「契約の箱」があったが、その行方がわからなくなって久しい。…大祭司だけが神と直接交われる…それが大祭司の余人と違うところで、それがまた、彼を世界中の他のユダヤ人すべてとは別扱いにしている。大祭司しか至聖所に入れない理由もそこにある。しかも年にたった一度、イスラエルのすべての罪が浄化される贖罪の日（ヨム・キップール）だけだ。この日、大祭司は全民族の贖罪のために神の御前に出る。もし彼が神の祝福に値するなら、イスラエルの罪は赦される。値しなければ…。彼の腰にかけられているロープは、神の一撃によって彼が死んだ時、だれ一人この聖所を汚すことなく、確実に至聖所から引きずり出すためのものである。
>
> （レザー・アスラン『イエス・キリストは実在したのか？』43〜46頁）

実例はあります。ユダヤ戦争に至る重要事件の一つとされる大祭司ヨナタンの殺害事件（西暦56年）では、ヨナタンが至聖所から出てきたところを狙われています。とすると、イエスは、祭りの喧騒の中、大祭司と同時に至聖所の中に入り天罰がどちらに下るかを見定めるべきだったのではないでしょうか。しかし、イエスは、至聖所までたどり着こうとはしませんでした。実際、神殿の庭で店を広げている屋台を倒したり、神殿関係者と議論をした程度しか、聖書に記載されていません。

イエスが営業妨害した店には限りがあったようです。どの福音書の記載にも共通しているのが、両替人の台や、鳩を売る者の腰掛をひっくり返したことになっていま す。）ここから、店が特定できる程度にしか活動できなかったことが分かります。もちろん、騒ぎに近い場所で屋台を広げた店主たちにしてみれば、イエスたちのせいで自分たちに被害が及ばないよう、メンバー総出で、イエスたち一行が来ないように睨みつけ、威嚇し、追い出しにかかったことでしょう。イエスたちは、神殿の手前の方の数軒（場合によっては2～3軒）に狼藉を働いただけで、神殿から出て行かざるを得なかったというのが実態なのではないでしょうか。

何故、こんなことになったのでしょう。

端的に考えられることとして、「イエスたちは神殿の中の構造を知らなかった」のではないでしょうか。神殿の中が、すべて至聖所であろうという程度の理解だったのかも知れません。なので、神殿の核心（至聖所）に迫ることなく、入り口付近（婦人の庭）で活動を始めてしまったのでしょう。

それは何故でしょうか。

イエスは、事前にエルサレム神殿に来たことがなかったので、神殿の間取りやそれぞれの場所の役割について分かっていなかったのです。（この結果として、少年期の神殿のエピソード（ルカ福音書2：41～51など）はエルサレム神殿のものではないか、そもそも創作。布教中のエルサレム神殿のエピソードは、他所でのエピソードでなければ、最初にして最後であるエルサレム訪問でのエピソードが分散させられていると分かります。）

屋台との闘い

そこで、改めて、イエスたちと屋台との闘いについて、エピソードをみてみましょう。

彼らはエルサレムにきた。イエスは神殿に入り、神殿の庭で売り買いしていた人々を追い出しはじめ、両替人の台や、鳩を売る者の腰掛をくつがえし、また器ものを持って神殿の庭を通り抜けるのをお許しにならなかった。そして、彼らに教えて言われた。「『私の家は、すべての民の祈りの家と呼ばれるべきである』（イザヤ書56：7）と書いてあるではないか。それだのに、あなたがたはそれを強盗の巣にしてしまった。」（マルコ福音書11：15～17）

同様のエピソードは他の福音書にも書かれています（マタイ福音書21：12～16、ルカ福音書19：45～48、ヨハネ福音書2：13～17）。それだけ重要なエピソードであることが分かります。この文書を踏まえて、神殿で物を売ることが爾後禁止されたという解釈があります。例えば、「人間は考える葦である」と唱えた哲学者のパスカルは、次のようにまとめています。

イエスは都に入って、神殿に行き、物売りをそこから追放された。
（B・パスカル『イエス・キリストの生涯の要約』163節）

しかし、年に1回の大祭です。人もごった返していたでしょう。イエスたちは、神殿の構造も知らずに殴りこんで、神殿の入口付近の一部の屋台を倒しただけで終わった、と考えた方が自然です。屋台を壊された商店主や、周りにいた参詣者たちにイエスたちは取り押さえられ、大祭の運営事務局（神殿関係者）が、不測の事態が発生したと聞いて飛んできたことでしょう。

かみ合わない問答

神殿関係者とイエスとの問答は、かみ合っていません。これも、神殿内での問答については、この時期に行われたものとして、いくつか見てみましょう。

先ずは、先ほどの屋台との闘いに近接して登場する問答です。

> イエスが宮の内を歩いておられると、祭司長、律法学者、長老たちが、来て言った。
> 「何の権威によってこれらの事をするのですか。だれが、そうする権威を授けたのですか。」
> そこで、イエスは彼らに言われた。
> 「一つだけ尋ねよう。それに答えてほしい。そうしたら、何の権威によって、私がこれらの事をするのか、あなたがたに言おう。ヨハネのバプテスマは天からであったか、人からであったか、答えなさい。」…
> 彼らは「知るか、そんなこと！（分かりません）」と答えた。
> （マルコ福音書11：27〜33）

この問答は、屋台を壊すイエスたちに、「誰に了解を得てやっているんだっ！」と神殿関係者たちが怒り、そこに対してイエスが「バプテスマのヨハネ」の権威を言い出したので、神殿関係者が呆れた、という場面のように見えます。その後、テロリストなのか確認されています。

人々はパリサイ人やヘロデ党の者を数人、イエスのもとにつかわして、その言質をとろうとした。彼らは来て、イエスに言った。

「先生、私たちはあなたが真実な方で、だれをも、はばかられないことを知っています。あなたは人に分け隔てをなさらないで、真理に基いて神の道を教えてくださいます。ところで、カイザルに税金を納めてよいでしょうか、いけないでしょうか。納めるべきでしょうか、納めてはならないのでしょうか。」

イエスは彼らの偽善を見抜いて言われた。

「なぜ私をためそうとするのか。デナリを持ってきて見せなさい。」

彼らはそれを持ってきた。そこでイエスは言われた。

「これは、だれの肖像、だれの記号か。」

彼らは「カイザルのです」と答えた。するとイエスは言われた。

「カイザルのものはカイザルに、神のものは神に返しなさい。」

（マルコ福音書12：13～17）


イエスの回答は、ある意味で満点回答だったことが分かります。ローマ帝国に歯向かう意思はなく、あくまでユダヤ教の本来あるべき姿について議論したい、と回答したのです。この議論に続けての問答でも、イエスはこう言っています。


イエスは言った。

「あなたがたがそんな思い違いをしているのは、聖書も神の力も知らないからではないか。…神は死んだ者の神ではなく、生きている者の神である。あなたがたは非常な思い違いをしている」

（マルコ福音書12：24，27）

イエスはローマ帝国の敵ではない

今までのところをまとめて、イエスの闘いを3方向から確認しましょう。

神殿関係者	イエスは宗教論争を仕掛けている。
ローマ帝国	イエスは、ローマ帝国に対して敵意はなく、臣民としての義務を果たすべきと明言している。
屋台の店主など	イエスは店主たちを神殿関係者と同視し、彼らの（場合によっては全財産でもある）屋台を荒らし、商品を壊した。また、そのことについて反省していない。

ローマ帝国の為政者にとって、イエスは処罰するような対象ではなかったことが分かります。

さて当時、ローマ帝国からユダヤ地域の占領統治のために派遣されたのは総督ポンティウス・ピラトゥスです。紀元26年に赴任し、10年ほどこの地位に就いていました。

ピラトのユダヤ人への侮蔑的態度は、彼が白の長衣に金色の胸当てで着飾り、赤いケープを肩にエルサレムに着任した最初の日から見え見えだった。新総督は、皇帝の肖像入りの旗を掲げたローマ兵軍団を引き連れてエルサレムの城門から聖都に入城し、ユダヤ人へのこれ見よがしの軽蔑を含めたその存在感を印象付けた。着任後、彼はエルサレム神殿で「神聖な皇帝アウグストゥスの息子」ティベリウスにささげられた金ぴかのローマの盾のセットを披露した。それらの盾は、ローマの神々を代表する奉納品で、それをユダヤ人の神殿に置くことは意図的な冒涜行為だった。

ピラトは、部下の土木技師たちからエルサレムの古くなった水道橋の再建が必要だと聞くと、神殿の財庫からその事業費をさっさと持ち出した。ユダヤ人がそれに抗議すると、ピラトは軍隊を出して街頭で抗議者たちを虐殺させた。…

当時、彼の極端な腐敗、ユダヤ人の律法や伝統の完全な無視、ユダヤ民族全体に対するあからさまな嫌悪は有名だった。エルサレム在位中の彼は、その仕事を楽しむかのようにいそいそと、何千人ものユダヤ人を裁判もなしに十字架に磔にしたため、エルサレムの住民は思い余って皇帝に公式抗議書を提出した。（レザー・アスラン『イエス・キリストは実在したのか？』98～99頁）

冷酷でユダヤ人を軽蔑しているピラトですが、イエスの暴挙については、ユダヤ人内部のもめごとでしかなく、また、首謀者（イエス）がローマ帝国の義務を果たすべきと主張していることから、自分には関係ない話と思ったのではないでしょうか。少なくとも、ローマ帝国としての費用や兵士などの手間暇をかけて、ユダヤの大祭という目立つ時期に、あえてイエスを逮捕・処刑する理由はなかったでしょう。

イエスはローマ帝国に磔にされたのではない

この点は、当然、と思う人もいるでしょう。そのことは聖書も認めている、と。ピラトとのやり取りの中で、ユダヤ人がイエスを「引き取った」からです（ヨハネ福音書19：4，7，14～16）。

同様に、どの福音書においても、ピラトが、イエスを自分の問題（ローマ帝国の問題）としては捉えていないことが明らかにされています。しかし、その後、「ユダヤ人の王、ナザレのイエス」などの罪状書きは、ピラトの命令によるものとされています（ヨハネ福音書19：19）。また、他の福音書では、兵卒たちが死刑を執行したとされています（マルコ福音書15：16以下、マタイ福音書27：27以下、ルカ福音書23：25）。混乱した記述が続き、いずれもローマ帝国による処刑というイメージにつながるような記載があります。

とはいえ、ピラトが、（軽蔑している）ユダヤ人の懇請を受けいれ、（ローマ帝国の義務を果たせと言っている）イエスをユダヤ人の求める通りに処刑してあげたというのは、「意思決定がユダヤ人、執行がローマ軍人」と植民地での主従関係が逆転していることも含めて鑑みると、相当無理のある設定なのではないかと思います。ここは、福音書が同時代ではなく後代に書かれたため、教団の権威向上につながるようにドラマティックな物語が創作されていったというのが、文書の設立経緯にも合致しており、真相なのではないかと思います。

また、もう一つの疑問があります。十字架刑の目的に関しての疑問です。


十字架刑は死刑の一種と考えるのは正しくない。なぜなら、多くの場合、犠牲者は最初に処刑されて、それから十字架に磔にされていたからである。十字架刑の目的は、犯罪者を殺すことよりも、国家に反抗しそうな人々への見せしめだった。それゆえ、十字架刑はいつも、町角、劇場、丘の上、高台など、一般の人々がそのおぞましい光景の目撃証人にならざるを得ない公共の場所で行われた。犯罪者は死んだあとも長い間放置されるのが常で、十字架刑を受けたものが埋葬されることはほとんどなかった。

十字架刑の純粋な目的は、犠牲者に屈辱を与え、目撃者をぎょっとさせることだったから、死体は磔の場にそのままにされ、鳥や犬などの餌食にされるのが常だった。すると、骨だけがその場に残る。イエスが磔刑に処せられた場所が「骸骨（ゴルゴダ）の丘」と呼ばれるのもそのためである。

簡単に言えば、十字架刑はローマでは極刑以上のもので、帝国に歯向かう者はどうなるかを一般大衆に思い知らせる措置であった。十字架刑が、反逆罪、暴動、反乱の煽動、革命蜂起など、最高に重い政治的犯罪にのみ適用されていたのはそのためである。

（レザー・アスラン『イエス・キリストは実在したのか？』２４６頁）

イエスはローマ帝国に対する反逆者ではなく、政治犯でもありません。そして、磔刑も手順に則っておらず、磔に遭ったその日に磔から下ろされています。これらを鑑みると、イエスの処刑は、正式な手続きでもなく、ローマ帝国の意向にかなったものでもなかったと分かります。

アリマタヤのヨセフは何を確認したのか

アリマタヤのヨセフは、地元の議員でしたが、イエスの遺体の引き取りをピラトに要請し、ただちに認められています。しかし、十字架刑が公的なものであるならば、見せしめのための死体を下ろすことは認められなかったはずです。

> さて、すでに夕方になったが、その日は準備の日、すなわち安息日の前日であったので、アリマタヤのヨセフが大胆にもピラトの所へ行き、イエスの遺体の引取りを願った。彼は地位の高い議員であって、彼自身、神の国を待ち望んでいる人であった。ピラトは、イエスがもはや死んでしまったのかと不審に思い、百卒長を呼んで、もう死んだのかと尋ねた。そして、百卒長から確かめた上、死体をヨセフに渡した。
> （マルコ福音書15：42〜45）

ここから、アリマタヤのヨセフがピラトに確認を願ったのは、「イエスが磔にあっているが、これは正式な刑罰として行ったのか。正式な刑罰でないのであれば、引き取ってもいいか」という事柄と推測できます。ピラトとしては、ユダヤ人同士の小競り合いでしかないものに興味はないでしょうから、「好きにしろ」と、アリマタヤのヨセフに引き取りを認めたのではないでしょうか。

そこで生じる疑問があります。

アリマタヤのヨセフに、ピラトのところに行ってほしいと依頼したのは、いったい誰でしょうか。

イエスはユダヤ民族の正当な裁判を受けたのでもない

議論を先に進める前に、この点も明らかにしておきましょう。

大祭司が直截に、「おまえはメシアか?」と訊ねるが、イエスの答えは四つの福音書で微妙に違っている。一つだけ共通なのは、彼自身が自分は「人の子」であると宣言したことだ。この宣言が大祭司を激怒させ、即座にイエスを冒瀆罪で告発する。刑罰は死刑である。翌朝、最高法院は、イエスを十字架に架けるためにピラトに引き渡す。

この場面の問題点は数えきれないほどある。最高法院でのこの裁判は、ユダヤ法の法的手続き上の必要条件のほとんどすべてに違反している。

口伝律法の集大成である「ミシュナ」によれば、この点については厳格な決まりがある。最高法院を夜に開くことは認めない。過越祭や安息日の開催は禁じる。マタイとマルコが書いているような大祭司邸の中庭で気軽に開催されることは絶対にない。……少なくとも、これらの目に余る不正確さは、福音書記者たちがユダヤ法と最高法院の慣習についてほとんど無知であったことを露呈している。この点だけをもってしても大祭司カイアファの前での裁判の史実性を疑問視すべきである。

だが、たとえ上記のような違反すべてを大目に見るとしても、最高法院の裁判物語も厄介な問題を抱えている。最たるものは、その評決である。仮に大祭司が実際にイエスに、彼がメシアであろうとする野望を抱いているかどうか尋問し、イエスが冒瀆に当たるような返事をしたとしたら、「律法」の定める刑罰はこの上なく明快である。

「神を冒瀆するものはだれでも、共同体全体が彼を石で打ち殺す」(レビ記24:16)。

事実、イエスを「人の子」だと言ったステファノはこの石打ち刑に処せられている（使徒行伝7：1〜60）。ステファノは自分の罪の弁明のためにローマ政府当局に引き渡されたりせず、その場で石打ちの刑に処せられている。（レザー・アスラン『イエス・キリストは実在したのか？』248〜249頁）

なお、旧約聖書で「人の子」というのは、ダニエル記に出てくる神聖な存在です。イエスたちが僭称するのは許されない、というのは、ここからきています。

私はまた夜の幻のうちに見ていると、見よ、人の子のような者が、天の雲に乗ってきて、日の老いたる者のもとに来ると、その前に導かれた。
彼に主権と光栄と国とを賜い、諸民、諸族、諸国語の者を彼に仕えさせた。その主権は永遠の主権であって、なくなることがなく、その国は滅びることがない。（ダニエル記7：13〜14）

神殿関係者の対応を考える

さて、イエスがユダヤ教徒の正式な手続きで処刑されたのではない、という点に関連して、もう少し考察を続けましょう。

イエスが、大祭司が神と交信する機会を選んで殴り込みをかけたとすると、その「当日」、すなわち、過ぎ越しの祭りの最中に行われたはずです。しかし、過ぎ越しの祭りの最中に、神殿関係者が、暴力犯の処刑や裁判といった俗事にかかわることは、神よりも重視する俗事があるという態度、つまり神への冒涜となるため、あり得ません。イエスを逮捕したり、処刑したりといった活動も、公的には当然やってはならないことです。そのため、過ぎ越しの祭りの最中は、「事なかれ」対応が基本になります。

神殿関係者にとって良かったことに、イエスは、宗教論争をするつもりで来ていました。そこで、こんな問答も行われていました。


ユダヤ人はイエスに言った。

「こんなことをするからには、（神と交信できるという）どんな証拠を私たちに見せてくれますか。」

イエスは彼らに答えて言われた。

「この神殿を壊したら、私は3日のうちに、それを起すであろう。」

そこで、ユダヤ人たちは言った。

「この神殿は、工事が始まってからもう46年もかかっています。それだのに、あなたは3日のうちに、それを建てるのですか。」

イエスは自分のからだである神殿のことを言われたのである。

（ヨハネ福音書2：18～21。なお、マルコ福音書14：58）


イエスが言及した神殿ですが、これは、いわゆる第2神殿（ソロモン神殿を再築した神殿）のことです。このころ、神殿の大拡張工事が行われていました。ヘロデ大王（在位：紀元前37年～紀元前4年）という新しくヘロデ朝を起こした支配者があり、ローマとの協調関係を重視し、ユダヤ地域の観光資源を積極的に整備しました。その一環で、神殿の増改築をはじめました。この工事が紀元前20年から西暦64年へと、80年超となる長期間の大工事になったのです。

そういう状況でしたので、「3日で神殿を建てるなど、支離滅裂なことをいう人間が暴れているだけ」と感じた神殿関係者は、イエスたちを体よく神殿から追い出して、一旦の決着させようとしたのではないかと思われます。

イエスを磔にした人々

イエスの敵の可能性として、先に（1）ローマ帝国、（2）神殿関係者、（3）屋台の店主等の3つの可能性を挙げました。そして、ここまでの検討で、イエスを磔にしたのが、（1）ローマ帝国や（2）神殿関係者とするには、問題があることが分かりました。

そこで、次は、（3）屋台の店主たちについて考えてみましょう。イエスたちに屋台を荒らされた店主たちは泣き寝入りしたのか？　という話です。

一年に一度の大祭は、彼らの年間の生活費の多くを稼ぐ書き入れ時です。店によっては、この機会に売れるものを売っておかないと、次の大祭までの一年間は生活費もままならないかも知れません。その商売を邪魔されただけでなく、事前にコストをかけて準備した商品まですべて台無しにされたわけです。泣き寝入りはあり得ません。しかも店主たちが捕まえたら、イエスは反省しておらず、屁理屈ばかり並べたてています。店主たちは、怒り心頭となり、損害の補填だけではなく、あるべき利益も含めて出来るかぎり全額支払わせようとしたことでしょう。祭りの最中なので神殿関係者は相手にしてくれず、警察（ローマ帝国）側も動かず…　といった状態の中で、店主たちがやれることはただ一つ。イエスたちから身ぐるみ剥いで、少しでも損を回収しようとすることでしょう。

ゲッセマネの急襲

イエスたちは、この後、ゲッセマネに行き、ユダヤ人たちに急襲されています。神殿からゲッセマネまではけっして遠い距離ではありませんが、ここに至った経緯や経路は不明です。

重要なのは、イスカリオテのユダの動きです。

先ずユダは、イエスたちが集まっている場所に向かって、遅れて到着しています（マルコ福音書14：43、マタイ福音書26：47、ルカ福音書22：47、ヨハネ福音書18：3）。

そして、ユダはイエスを見つけると、「先生っ！」と大声をあげながらイエスにキスをしています（マルコ福音書14：45、マタイ福音書26：49。参考としてルカ福音書22：47）。

ユダの後ろには、イエスたちを逮捕し、懲らしめようとするユダヤ人がいました（マルコ福音書14：43、マタイ福音書26：47、ルカ福音書22：47、ヨハネ福音書18：3）。

ユダは銀貨（30枚）をもっていましたが、ユダにとって何のメリットも生じることなく、襲ってきたユダヤ人たちに、その銀貨が渡っています（マタイ福音書27：3〜8）。ちなみに、この金額については、あまり気にしない方が良いようです。というのも、金額は、旧約聖書に合わせて、後代が創作したものと思われるからです。出エジプト記（21：32）に描かれた奴隷の代価と同額（30シェケル銀貨／90日分の賃金相当）とすることで、イエスが「売られた」ことを、より劇的に示そうとした記述だと思われます。

ここから合理的に考えられることは何でしょうか？
イスカリオテのユダは、被害者ではないか？　ということです。

ユダが宿泊先で庶務をしていたところ、イエスが神殿内の屋台を複数壊して揉めていると聞き、賠償用のお金を持って現場に駆け付けた。しかし、イエスたちがいなかったので探し回り、ゲッセマネでイエスたちを見つけた。その時はイエスが無事だったのでホッとして、駆け寄りキスをした、ということだったのではないかと思います。

イスカリオテのユダは、まず神殿に駆け付けたことでしょう。そこで先生の居場所を聞いた時にガリラヤ地方の方言が出たりなどして、イエスの仲間だと気づかれ、尾行されたのかも知れません。または、神殿の門の外からずっとイエスたちと店主たちがにらみ合いを続け坂下まで移動してきた中、一触即発の状態の時に、ユダがゲッセマネに到着し、イエスだけをみて無邪気に先生の無事を喜んでしまって抱き着き、その場の空気が乱れ、店主たちに一気に襲い掛かられたのかも知れません。

イスカリオテのユダが、イエスのことを「先生」と呼んで飛びついていることからも、年少（おそらくティーンネイジャー、ローティーン）であったことの傍証になるように思います。彼は、そのまま屈強な大人たちの殴り合いに巻き込まれ、息絶え、金銭もすべて奪われたのでしょう。

そこで生じる疑問があります。
イスカリオテのユダに金銭を持たせ、現場まで走らせたのは、いったい誰でしょうか。
また、なぜ彼はスケープゴートにされていったのでしょうか。

イエスが磔にされた理由

イエスを磔に架けたのは、当局ではなく、イエスに商品を台無しにされた屋台の店主たちだったとすると、イエスを磔に架けた理由も見えてきます。

イエスたちは複数人のグループで神殿に殴り込んでいます。ゲッセマネで半死半生の状態になったのは、イエスの他、イスカリオテのユダ。ここに、（身代わり役の「双子の」）聖トマスが最後まで付き添っていたと推測されます。この3人以外のメンバーは、逃げてしまっているのです。この逃げたメンバーたちが、また神殿に忍び込んで悪さを図ることは避けなくてはならない。そのために、代表者を見せしめにして仲間が来るかどうかをみるために磔にしたのでしょう。

残りの犯人捜しをしていたことについては、聖書にも傍証があります。神殿の中庭でペテロが見つかった場面です。

ペテロは神殿の下で中庭にいたが、大祭司の女中のひとりがきて、ペテロが火にあたっているのを見ると、彼を見つめて、「あなたもあのナザレ人イエスと一緒だった」と言った。するとペテロはそれを打ち消して、「私は知らない。あなたの言うことがなんの事か、わからない」と言って、庭口の方に出て行った。ところが、先の女中が彼を見て、そばに立っていた人々に、またもや「この人はあの仲間のひとりです」と言いだした。ペテロは再びそれを打ち消した。しばらくして、そばに立っていた人たちがまたペテロに言った。「確かにあなたは彼らの仲間だ。あなたもガリラヤ人だから。」しかし、彼は、「あなたがたの話しているその人のことは何も知らない」と言い張って、激しく誓いはじめた。（マルコ福音書14：66〜71）

逆に言えば、その故に、アリマタヤのヨセフが呼ばれたのでしょう。イエス教団の側にしてみれば、アリマタヤのヨセフという金満家の地元議員という味方がいたので、見張りで残っていた者や怒り狂う店主たちに金を渡して引き下がらせる（手打ちをさせる）ことが出来たのです。

イエスの絶命時の言葉

さて、イエスは臨終にあたって「わが神、わが神、なにゆえに私を捨てられるのですか。」と叫んだと言われています。

> 昼の十二時になると、全地は暗くなって、三時に及んだ。そして三時に、イエスは大声で、「エロイ、エロイ、ラマ、サバクタニ」と叫ばれた。それは「わが神、わが神、どうして私をお見捨てになったのですか」という意味である。
> （マルコ福音書15：33～34）

実際に日食があったのかどうかは、分かりません。神や王などが亡くなる際に天が暗くなるというのは、古今東西を問わず神話などでみられる文学的な表現ですので、日食が事実でなければ、文章上の演出である可能性もあります。イエスが神に見捨てられたように見える瞬間です。ここで、「見捨てられたかも知れない」という不安を掻き立てる言葉がイエス本人からも発せられるわけで、口頭での説法においては、まさにクライマックスに向かう最後のハラハラドキドキの瞬間になったことでしょう。

しかし、この言葉。旧約聖書に収録された「詩編」第22篇の冒頭部だとしたら、どうでしょう？詩編（第22篇）の全文を読んでみましょう。

わが神、わが神、どうして私をお見捨てになったのですか。

なにゆえに遠く離れて私を助けず、私の嘆きの言葉を聞かれないのですか。わが神よ、私が昼よばわっても、あなたは答えられず、夜よばわっても平安を得ません。

しかしイスラエルの讃美の上に座しておられるあなたは聖なるおかたです。

われらの先祖たちはあなたを信じました。彼らが信じたので、あなたは彼らを助けられました。彼らはあなたに呼ばわって救われ、あなたを信じて恥をうけなかったのです。

しかし、私は虫であって、人ではない。人にそしられ、民に侮られる。すべて私を見る者は、私をあざ笑い、くちびるを突き出し、かしらを振り動かして言います。

「彼は主に身をゆだねた、主に彼を助けさせよ。主は彼を喜ばれるゆえ、主に彼を救わせよ。」

しかし、あなたは私を生れさせ、母のふところに私を安らかに守られた方です。私は生れた時から、あなたにゆだねられました。母の胎を出てからこのかた、あなたは私の神であらせられました。

私を遠く離れないでください。悩みが近づき、助ける者がないのです。

多くの雄牛は私を取り巻き、バシャンの強い雄牛は私を囲み、かき裂き、ほえたけるライオンのように、私にむかって口を開いています。

私は水のように注ぎ出され、私の骨はことごとくはずれ、私の心臓は、ろうのように、胸のうちで溶けています。私の力は陶器の破片のように砕け、私の舌はあごに着きます。あなたは私を死の塵に伏す直前まで導かれています。犬どもは正に私を取り囲み、悪を行う者の群れが私を囲んで、私の手と足を刺し貫いています。私はおられる度に一本一本、自分の骨を数えます。あくを行う者たちは、そんな私を見下ろします。

彼らは互に私の衣服を分け、私の着物をくじ引にして分けています。

しかし主よ、遠く離れないでください。わが力よ、速く来て私をお助けください。私の魂をつるぎから、私のいのちを犬の力から助け出してください。私をししの口から、苦しむわが魂を野牛の角から救い出してください。

私はあなたのみ名を兄弟たちに告げ、会衆の中であなたをほめたたえるでしょう。

「主を恐れる者よ、主をほめたたえよ。ヤコブのもろもろの末裔よ、主をあがめよ。イスラエルのもろもろのすえよ、主をおじおそれよ。主が苦しむ者の苦しみをかろんじ、いとわれず、またこれに御顔を隠すことなく、その叫ぶときに聞かれたからである」と。

大いなる会衆の中で、私の賛美の源泉は、あなたです。私は主を恐れる者の前で、私の誓いを果します。貧しい者は食べて飽くことができ、主を尋ね求める者は主をほめたたえるでしょう。どうか、あなたの心がとこしえに生きるように。

地の果ての者はみな思い出して、主に帰り、もろもろの国の輩はみな、御前に伏し拝むでしょう。国は主のものであって、主はもろもろの国民を統べ治められます。地の誇り高ぶる者はみな主を拝み、塵芥に下る者も、おのれを生きながらえさせえない者も、みなその御前にひざまずくでしょう。

子々孫々、主に仕え、人々は主のことをきたるべき代まで語り伝え、主がなされたその救を後に生れる民にのべ伝えるでしょう。（詩編22：1～31）

イエスは、死が眼の前に迫っていても、神に見捨てられたことを嘆いたのではなく、逆に、真の神を賛美すべきと説いたのではないでしょうか？　しかも、ここでいう「神」は、イエスが直接交信する「神」であって、大祭司が過越の祭で出会うべき（つまり、大祭司が出会ったと称しているだけの）「神」ではないのです。

すなわち、イエスは、まったく反省も後悔もせずに、自分の主張を最後まで繰り返し続けたということなのではないでしょうか？　正に「信念の人」に相応しい反応だったように思います。しかし、イエスが神殿関係者と思っている相手は、神殿関係者ではなく、神殿の場を借りて屋台を広げただけの小売商たちでした。戦う相手を間違えたのです。迷惑をかけた小売商たちへの謝罪がなかったことが、イエス側の不幸を増幅させたことは間違いないように思います。

イエスの復活

ここまでの議論から、イエスの磔が、屋台の店主たちによる私刑（リンチ）であり、春の陽射しの中、日中の数時間架けられていたものと分かりました。本当に死んだのか、それとも、可能性として、例えば、殴られたり槍などで刺されたりしたショックで心臓が一時的に止まっていたのか等、なにがあったのかは、正直よく分かりません。イエスが「一旦仮死状態になったあとで、快復した」とすれば、「死と復活」は、これが脚色されたものと解釈する余地は充分に残されているように思います。

エルサレム郊外で、マグダラのマリアたち少人数が交代でイエスを必死に看病していたのでしょう。マリアが、他の弟子たちに回復を伝えに行ったことには必然性があったと思われます。イエスよりも後になって回復したトマスが、一緒にリンチに遭って死んだはずの師イエスについて、実際に目で見るまで生存を納得しなかった、というのは、あり得ることと思います。直情径行な人物ですので「理由なくついてこなかった」または「師を守らずに現場から逃げ出した」他の弟子たちについては嫌悪感を抱いていたことでしょう。「身代わり役の自分が生きているのに、先生は死んでしまった」と嘆いていたことでしょう。（ヨハネ福音書20：24〜28）

その後のイエス

マルコ福音書とマタイ福音書は、その後、イエスはガリラヤに向かったと示唆しています（マルコ福音書16：5〜7、マタイ福音書28：10，16〜17）。他方、ルカは、エルサレム近郊のベタニヤで40日ほど滞在した後、天に昇ったと書いています（使徒行伝1：3、ルカ福音書24：50〜51）。

イエスが実際にどこに行ったかは、まだ分かっていません。

第3節　イエスの磔刑と復活～管理部門の視点から

エルサレム行きにあたって

前節を、イエス教団の管理部門の立場から見直してみましょう。

聖アンデレはCFOですので、イエスに従ってエルサレムに同行したと思われます。イエス教団の仮の本部としての宿の準備や、食事の手配など、庶務を取り仕切っていたことでしょう。

最初の異邦人伝道が行われたとされるのも、この時です。

> 祭で礼拝するために上ってきた人々のうちに、数人のギリシア人がいた。彼らはガリラヤのベツサイダ出身であるフィリポのところにきて頼んだ。
> 「もし。イエスさまに、お目にかかりたいのですが。」
> フィリポはアンデレのところに行ってそのことを話し、アンデレとフィリポは、イエスのもとに行って伝えた。
> （ヨハネ福音書12：20～22）

こういった活動ができるとするならば、過ぎ越しの祭りの始まる少し前の時期からエルサレム近郊に滞在していたことでしょう。そのためには、自分たちで資金を確保しておくか、または、有力なパトロンを味方につける必要があったはずです。

実際、地元の議員であるアリマタヤのヨセフなど有力な人物の協力を得ていますので、エルサレム行きにあたって、聖アンデレや聖フィリポなどの管理部門は、身の回りの庶務（買い出し、炊事、洗濯、掃除など）の他に、イエスの協力を得ながら、エルサレムの富裕層・有力者層との接点づくりや寄付金集めに励んでいたと考えてよいでしょう。

神殿との対決に向けて

さて、神殿との対決です。

イエスの妻であるマグダラのマリヤが、夫イエスの覚悟を知り、気丈に見守ったのと同様に、イエスのそばに仕えた聖アンデレたちも、師イエスの覚悟をサポートするために待機していたと考えるのが妥当でしょう。

そのための準備として、何が行われていたのでしょうか。

一般の企業に引き直してみれば、ビジネス推進部署（営業部署）が、社運をかけた一大プロジェクトに乗り出すにあたって、管理部門を含むその他部署が調整しておくべきこととは何か、という話になります。そのすべてが、ＣＦＯである聖アンデレの担務になるでしょう。

(1)有力者とのパイプづくり

聖書にはアリマタヤのヨセフが明記されていますが、その他の有力者にも当然に協力を求めていたことでしょう。直近に予定する「神殿との対決」計画については、遠い将来の可能性の一つとしては、なんらかの助言を引き出そうとしたのではないでしょうか。

(2)資金確保

近々予定される「神殿との対決」を経た後に、どのような展開になるか分からない以上、また、その際に誰を巻き込むかも分からない以上、資金はいくらあっても、あるに越したことはありません。有力者や信者となり得そうな人々からの寄付を募ってもいたでしょう。

(3)配役

イエスとトマスは、同じテクトン出身で、土木工事から建築、家具製造まで従事した経験をもっていたことは前述の通りです。このことから、トマスは「イエスの身代わり」とされたのではないでしょうか。トマスが「双子のトマス」と呼ばれたのは、イエスにそっくりだったという意味ではないかと思われます。

この他にも、現場と拠点との連絡のやり取りにイスカリオテのユダを使うなど、エルサレム同行メンバー全員について役割分担を行ったものと思われます。

(4)偵察

おそらくペテロたちを偵察係として神殿に送り込み、中の様子を探らせたのではないでしょうか。聖アンデレにとってペテロは、以前に洗礼のヨハネが処刑された後には同居していた仲でもあったので、同じ目線、同じ思考で偵察してくるメンバーとして、ペテロは適任であり、とても頼りになる存在だったに違いありません。

イエスに悪魔と呼ばれた弟子

よく知られていることですが、イエスはペテロに対し、「悪魔よ、引き下がれ」と叱っています。内容的には、神殿との対決の直前、自分と共に神殿に向かう者を募ったタイミングです。


人の子は必ず多くの苦しみを受け、長老、祭司長、律法学者たちに捨てられ、また殺され、そして三日の後によみがえるべきことを、彼らに教えはじめ、しかもあからさまに、この事を話された。すると、ペテロはイエスをわきへ引き寄せて、諌めはじめたので、イエスは振り返って、弟子たちを見ながら、ペテロをしかって言われた。

「悪魔よ、引きさがれ。あなたは神のことを思わないで、人のことを思っている。」

それから群衆を弟子たちと一緒に呼び寄せて、彼らに言われた。

「だれでも私についてきたいと思うなら、自分を捨て、自分の十字架を負うて、私に従ってきなさい。自分の命を救おうと思う者はそれを失い、私のため、また福音のために、自分の命を失う者は、それを救うであろう。人が全世界をもうけても、自分の命を損したら、なんの得になろうか。また、人はどんな代価を払って、その命を買いもどすことができようか。邪悪で罪深いこの時代にあって、私と私の言葉とを恥じる者に対しては、人の子もまた、父の栄光のうちに聖なる御使たちと共に来るときに、その者を恥じるであろう。」

（マルコ福音書8：31〜38）


このイエスとペテロのやり取りは、イエスと聖トマスとのやりとりとは対照的です。


するとディドモと呼ばれているトマスが、仲間の弟子たちに言った。

「私たちも行って、先生と一緒に死のうではないか。」

（ヨハネ福音書11：16）

先生に注意しようとして激怒させたペテロと、先生とともにどこまでも付いていこうとした聖トマスは、よい対比関係にあると言えるでしょう。これは、イエスの死後の対立にも持ち越されたため、相当根深い確執だったのでしょう。

	ペテロ	聖トマス
教団内での位置づけ	責任ある立場の一人。最古参の弟子の一人。	有力な信徒の一人。
イエスへのスタンス	異なる方向性の主張。	無限の信頼。
イエスの死後	エルサレムにとどまるが、追放され、布教の旅に。	早々に離反し、カイサリアへ。

さて、ここから、いろいろと推測してみましょう。

イエスも聖トマスも、よく似ているため、イエスが神殿に向かえないのであれば、ディドモ（双子の、つまり影武者の）聖トマスも事前に姿を現すわけにはいかず、偵察には加わらなかったでしょう。

神殿への視察メンバーは、行ってみて驚嘆したことでしょう。師の思いが達成できるかどうか分からない状況が生じた以上、なんらかの形で適切に師に一報を入れる必要があるはずです。そういう場合、必然的に、師に近い人間から話を入れてもらおうとするはずです。つまり、ペテロは、立場上、嫌な役目を引き受けざるを得ず、偵察隊の意見を代表して、イエスに対し「イエスの思うとおりに対決が進められるとは限らない」旨を進言したのではないでしょうか。そして、イエスの逆鱗に触れたのだと考えます。

このような場合、ペテロは、管理部門の長である聖アンデレに対して、事前か事後かは分かりませんが、なんらかの相談をしたことでしょう。その時、聖アンデレは、なにを考えたでしょう。

最後の晩餐

まず、最後の晩餐でのイエスの態度にゆらぎがあることを確認しましょう。

夕方になって、イエスは十二弟子と一緒にそこに行かれた。そして、一同が席について食事をしているとき言われた。

「特にあなたがたに言っておくが、あなたがたの中のひとりで、私と一緒に食事をしている者が、私を裏切ろうとしている。」

弟子たちは心配して、ひとりびとり「まさか、私ではないでしょう」と言い出した。イエスは言われた。

「十二人の中のひとりで、私と一緒に同じ鉢にパンをひたしている者が、それである。しかるに人の子は、自分について書いてあるとおりに去って行く。しかし、人の子を裏切るその人は、わざわいである。その人は生れなかった方が、彼のためによかったであろう。」

一同が食事をしているとき、イエスはパンを取り、祝福してこれを割き、弟子たちに与えて言われた。

「取れ、これは私のからだである。」

また杯を取り、感謝して彼らに与えられると、一同はその杯から飲んだ。イエスはまた言われた。

「これは、多くの人のために流す私の契約の血である。あなたがたによく言っておく。神の国で新しく飲むその日までは、私は決して二度と、ぶどうの実から造ったものを飲むことをしない。」

（マルコ福音書14：17〜25）

彼の人生をかけた戦いをこれから始めるのですから、イエスの感情が高ぶっているのは当然です。前段は怒りに任せて裏切った弟子をののしっておりながら、後段では、（裏切る弟子を含めた）弟子全員に対してパンとワインを振る舞い、自分の肉と血として紹介し、最後は願掛けまでしています。食事が進むにつれて、すこし落ち着いてきたのでしょう。この頃のイエスは、すこしのことでも激しやすくなっていたようです（マルコ福音書11：12〜14）。それまでの布教においてイエスにみられるような「慈愛に満ちた兄貴分、頼れる存在」といった印象とは異なっていることが分かります。

さて、われわれは、既にみたところに従い、イスカリオテのユダは「裏切り者ではない」という整理をしていますので、イエスが言及した「裏切り者」は他にいると考えます。イエスが裏切り者と言及した人物としてふさわしいのは、そう、悪魔とまで言われたペテロを置いて他にありません。

聖アンデレは、こうした状況を、主体的に、しかし冷静に見ていたことでしょう。

妥協の模索

組織のトップが、ある部下に対して一方的に怒り出し、悪感情を抱いたとします。他方で、組織のNo．２である貴方は、その悪感情の原因が誤解であることを知っており、その部下の頑張りもよく理解しているとします。そして、その部下の協力を得なければ、組織のトップが明日実行に移そうとしている計画も上手くいかないことを深く理解しているとします。このような場合、あなたはどのような形で、諍いをとりなしていくでしょうか。

考えられることとしては、こんなところでしょうか。

1. 組織のトップに「お願い」して、その部下の参加について改めて了承を得る。
2. 明日の計画実行に向けて、最後の確認を行う。
3. その確認の場において、「計画成功のために、最低でも守るべきこと」を、組織のトップにも聞こえる形で参加者全員に周知し、「これでいいですよね?」とトップにも確認を求める。
4. 自分は、計画の推移に応じて、1の矢（プランA）から、2の矢（プランB）、3の矢（プランC）……と、どのようにでも対処できるように複数の計画を立てつつ、関係者全員に対して管理部門は拠点基地に残ることを明言。「なにかあったらすぐに連絡を寄こす」ことを関係者全員に誓約させる。

つまり、当時、こういった対応を聖アンデレは行ったのではないでしょうか。

1. イエスに対し、ペテロの参加について改めて了解を得る。
2. 関係者を集めて、計画実行のための最後の確認を行う。
3. 神殿で最も重要なのは「至聖所」と言われる奥の間であって、そこまではことを荒立てずにおとなしく通り過ぎる必要があることを、ペテロを含む偵察隊の助けを得て明言し、周知する。
4. 自分はじめ管理部門の主なメンバーは拠点にとどまること、なにかあれば神殿から伝令を出し拠点に連絡を寄こすように関係者に依頼する。

怒りが完全に収まりきらなかったイエスからは、ペテロに対して、嫌味の一つもあったことでしょう。ペテロは、とりあえず正論で答え、出来るかぎり聞き流そうとしたでしょうが、深く傷ついたに違いありません。


ペテロはイエスに言った。

「たとえ、すべての者がつまずいても、私はつまずきません。」

イエスは言われた。

「あなたによく言っておく。きょう、今夜、にわとりが二度鳴く前に、そう言うあなたが、三度私を知らないと言うだろう。」

ペテロは力をこめて言った。

「たとえ先生と一緒に死なねばならなくなっても、あなたを知らないなどとは、決して申しません。」

（マルコ福音書14：29〜31）

神殿との対決当日

イエスたちを神殿に送りだす聖アンデレたちは、次の準備に取り掛かります。

（1）有力者への協力要請

対象となる有力者にアリマタヤのヨセフが含まれていたことは間違いありません。そして、彼以外の数名にも協力を要請した可能性は否定できないでしょう。助祭のメンバーとともに各所を訪問したことでしょう。

（2）資金の準備

トラブルがあった場合に、神でしかなし得ないことについてはイエスに任せ、その他のことはできる限り金銭で解決、という方針だったと思われます。教団の活動費とは別に、戦いのための予備費として管理していた資金があったことでしょう。

さて、当日、聖アンデレが外出していたとすると、資金の出納についての判断は、助祭の誰かに任せたことでしょう。ステファノがこの主担当で、イスカリオテのユダはこの担当の一人として待機していたものと思われます。

（3）怪我人が出た場合の救護隊の準備

同行した弟子たちの配偶者たち（女性たち）に準備を要請していたものと思われます。

この後、拠点には、どのような情報が集まったでしょうか。

先ず、「イエスが神殿内に屋台の店主たちと喧嘩になった。神との対決の前に、店主たちに弁償しないと先に進めないかもしれない」旨の一報が拠点にもたらされたでしょう。イスカリオテのユダが、賠償のための現金をもって駆けていったと思われます。

イスカリオテのユダが帰ってこない中、「イエスがつかまって磔に遭っている」「トマスが半殺しにあった」「ユダが瀕死の状態で倒れている」などの情報が入りだします。「ペテロはどうした？イエスさまを守っていたのじゃないのか？」「昨日、イエスさまがおっしゃったのって、本当だったのか？」「なんで帰ってこないんだ」など、疑心暗鬼も生まれてきたことでしょう。

聖アンデレは、改めて各有力者に協力を求めるも、イエスが暴れた話はある程度広まっており、断られたこともあったでしょう。応じてくれたのはアリマタヤのヨセフしかいなかったとも考えられます。そして聖アンデレは、アリマタヤのヨセフの従者のような体裁で、ヨセフとともにローマ当局に磔刑の確認を願い、許可を得てゴルゴダの丘に向かったことでしょう。

ゴルゴダの丘には、イエスを磔につけ、イエスの一派（残党）を待ち伏せした仲間が残っていたでしょう。危険な作業になりますので、聖アンデレは、自らゴルゴダの丘に出向いたと思われます。負傷者と死体の回収を目的とするため、側近のメンバー（聖フィリポや助祭メンバーたち）を1～3人程度連れて行ったのかも知れません。この場面で出てくるパリサイ派ユダヤ人ニコデモは、聖アンデレの偽名だった可能性もあり得ると思います。聖アンデレが、ゴルゴダの丘に残っていた見張り役から名を聞かれ、(アンデレはギリシア系の名前のため)本名を言えない中、記憶の中からとっさに出てしまったのが「ニコデモ」というパリサイ派ユダヤ人の名前だったということです。

> ユダヤ人をはばかって、ひそかにイエスの弟子となったアリマタヤのヨセフという人が、イエスの死体を取りおろしたいと、ピラトに願い出た。ピラトはそれを許したので、彼はイエスの死体を取りおろしに行った。また、以前に、夜、イエスのみもとに行ったニコデモも、没薬と沈香とをまぜたものを百斤ほど持ってきた。
> 彼らは、イエスの死体を取りおろし、ユダヤ人の埋葬の習慣にしたがって、香料を入れて亜麻布で巻いた。
> (ヨハネ福音書19:38~40)

ユダヤ教の素養があれば十字架刑は禁忌するでしょう。そのため、十字架からのイエスの救出は、ギリシア系の、つまり管理部門系のメンバーが中心になって行ったことでしょう。

> 木にかけられた者は、神に呪われた者である。
> (申命記21:23)

ペテロの帰還

さて、ペテロです。対決の日は、少なくとも翌朝まで帰ってきませんでした。その間、イエス、トマス、イスカリオテのユダの3人が重体となり、ユダはそのまま帰らぬ人になってしまいました。

この状態で、ペテロが帰還したと思われます。「あの時、ユダが、こっちに来なきゃ良かったんだよ。あれで先生が襲われて…」と、イスカリオテのユダを悪者にするように話をしたことでしょう。また、イエスとともに神殿との対決に向かったはずのメンバーの中には、「だから偵察に行った話を聞いてくれれば良かったのに…庭に入ったところで、イエスさまが、いきなり暴れだすから上手くいかなかったんですよ」などと言った者もいたでしょう。偵察を経て神殿との対決に向かったメンバーは、偵察に行ったにもかかわらず、その報告を利用されず、結果も出ず、しかも店主たちに追われて、ほうほうの体で帰還しているので、自己の正当化も含めて、言い訳がましく、他人のせいにしがちだったことでしょう。

他方で、拠点で待っていた管理部門にしてみれば、「何故、計画通りにやろうとしなかったのか?」「先生を守るのがお前たちの役目だろう?」「なんでイスカリオテのユダを悪者にするんだ。」「死んだ子供のせいにして、大人が逃げ帰ってくるって、どれだけ根性が腐っているんだ?」「あいつら、やっぱり先生を裏切ったんじゃないか? 先生が見抜いた通りじゃないか。」と不平不満が文句となって出たことでしょう。

先生や聖トマスが瀕死の状態で真実がよく分からない状態の中、対立は感情的に発展していったのだと思われます。これが、イエスの死後、早々に教団がヘブライオイ（主に偵察部隊）とヘレニスタイ（主に管理部門）に分裂した直接のきっかけだったのではないでしょうか。

教団の解散

そんな感情的な対立の中、教団の番頭であり、管理部門のトップである聖アンデレは、どんな選択をしたのでしょうか。イエスの復活後、早い段階で聖アンデレが教団から姿を消していることを念頭に考えるならば、先ずは負傷者の看病に集中することを指示したことでしょう。そして、対立する両グループから、相互の意見を淡々と聞いて、本当はなにがあったかを見極めようとしたことでしょう。そして、イエスが回復した後は、話を聞き、当日の状況を深く理解した上で、教団の解散を宣言したものと思われます。

教団の務めから解放された聖アンデレが、財産の処分後そのまま北上して北方地域の布教に努め、ギリシアで最期を迎えたことは、先述の通りです。各地には、アレクサンダー大王の時代にさかのぼるギリシア人都市がありましたし、ローマ帝国の共通言語はコイネーと呼ばれるギリシア語でしたので、言葉には不自由しなかったでしょう。

第4節　ペテロの「復活」とキリスト教の誕生

解散後のイエス教団 ～Q伝承集団

イエスの死後、ヘレニスタイなどエルサレム神殿に重きを置かないメンバーが、カイサリアやアンティオキアなど各地の主要都市に散っていきます。

結果として、ペテロなど、神殿の偵察に参加したメンバーたちは、家族ともども、精神的に追い詰められていったことでしょう。彼らと一緒にガリラヤなどに戻るよりは、「近々やってくる神の国を、もう、ここエルサレムで迎えたい」という疲れや諦めに似た心情をいだいたことでしょう。これが、イエスの教えを棄て今後は正統派のユダヤ人として生きていくという誓い（使徒行伝5：28，40）へとつながっていったと思われます。

そこで、イエスの後を継いだイエスの弟、義人ヤコブが、こういったメンバー（エルサレム教団）をまとめ、面倒をみることになりました（トマス福音書12）。

エルサレムの監督の在任期間を記した文書は残されていないが、伝承によれば彼らはきわめて短命であった。さまざまな資料から、ハドリアヌス帝の時代のユダヤ人包囲（１３５年）までに監督職を継承した者が15人いたことだけは伝えられている。彼らはすべてヘブル人であったが、キリストの知識を真に継承していたので、そのような事柄を判断する権限をもった人たちによって監督職に相応しいと見なされたと言われている。…歴代の監督の名を初代から挙げておこう。

初代は、主の兄弟と呼ばれたヤコブだった。次が第2代のシメオン。第3代がユストス。第4代がザッカエウス。第5代がトビヤ。第6代がベニヤミン。第7代がヨハネ。第8代がマッテヤ。第9代がフィリップス。第10代がセネカ。第11代がユストス。第12代がレビ。第13代がエフレス。第14代がヨセフ。そして最後の第15代がユダスだった。

以上が、使徒たちの時代からのエルサレムの都の監督であり、全員が割礼を受けていた。

（エウセビオス『教会史』４：５）

注意すべきは、この15代の中に、ペテロは入っていない、ということです。（もし第2代のシメオンがペテロのことであったら、そのような記載となっていたことでしょう。）つまり、ペテロは、イエスの死後、ずっと義人ヤコブの監督下にあったというのが歴史的には正しいのでしょう。

ヤコブはユダヤ人でキリスト教徒になった者には、律法を厳しく守ることを求めたようである。キリスト教徒となるようなユダヤ人は、ユダヤ人であることをやめるのではなく、かえって模範的なユダヤ人とならねばならないのである。ヤコブ自身もたいへん敬虔な生活を送り、それ故にエルサレムの民衆から大きな尊敬を受けていたようである。
彼は律法を重んじたが、民族主義的な態度に閉じこもるのではなく、律法を普遍的に適用できるような方向への努力を行っていたといえるだろう。いわばユダヤ教の普遍主義的拡大を企てていたといえるかもしれない。
（加藤隆『「新約聖書」の誕生』１０８頁以下）

ペテロを含め、この時に義人ヤコブの下にいた元イエス教団のメンバーが、おそらくQ伝承集団になったと思われます。マタイ福音書とルカ福音書のみに共通しているエピソード（いわゆるQ資料、Quelle）を伝えた集団です。根っからの正統派ユダヤ人として生まれ育った義人ヤコブと、イエス教団にいたメンバーとでは律法の範囲と重要性に対する認識が大きく異なっていたため、義人ヤコブのようなファリサイ派的な人物には恨みつらみを募らせたことでしょう。

この集団が相対的に独立した伝承圏をなしていたと思われる理由は、その強烈な終末期待、イスラエル宣教への集中（異邦人伝道は考慮外）、イエスへの「人の子」告白（「キリスト」というタイトルは出ない）、そして時と共に深まる伝道の挫折感と「迫害される預言者」という自己理解、イスラエル断罪のモチーフなどである。さらには、Q文書には受難物語が存在せず、また「…の（罪）のために」といういわゆる「贖罪」定式も欠如している点が注目される。「復活」（正確には「起こされること」）という表象も確認できない。こうした点から、現在大部分の研究者が、Q文書の背後に、それを担った独自の集団を想定するのである。
（佐藤研『聖書時代史　新約篇』70頁）

この特徴を検討してみましょう。

要素	理由として考えられること
受難物語の欠如	受難は、神殿での暴挙によるイエスの自滅と知っているから。
贖罪定式の欠如	贖罪概念はヘレニスタイ（聖フィリポ）の発案。ヘレニスタイと対立しているメンバーには贖罪定式は生じえない。
「復活」の欠如	イエスが逝去したことを知っているから。
「キリスト」概念の欠如	イエスの復活を信じていないから。
イエスへの「人の子」告白	イエスの人徳、思想にふれ、憧れや尊敬の念を抱いているから。
伝道の挫折感	イエスですら、この世を変えることが出来なかったから。
強烈な終末期待	イエスが「神の国」の到来が近いと主張したために、とりあえずエルサレムにとどまっただけなので、神の国に早く来て欲しいと考えているから。
イスラエル宣教への集中	主にエルサレムにいるから。
異邦人伝道は考慮外	概ね異邦人伝道に失敗したから。
イスラエル断罪	エルサレムにおいて、正統派ユダヤ教徒としての律法を強制されており、正統派ユダヤ教徒やエルサレムを恨んでいるから。
「迫害される預言者」という自己理解	

ペテロのプロフィール

ペテロは、福音書の中で、12使徒の中では常に1番目に書かれている、初期からのイエスの弟子です。聖アンデレの導きでイエスに弟子入りしています。

聖書には、ペテロという表記以外にも、シモン、シモン・ペテロ、ケファなどの呼び名が示されています。生前は「岩の断片」「石」の意味をもつ「ケファ」というあだ名で呼ばれており、このギリシア語訳がペトロス、ラテン語がペテロになります（ヨハネ福音書1：40〜42）。

何故「岩」「石」と呼ばれたかは分かりません。聖パウロが、ペテロを非難する時に「ケファ」という表現を使っていることから「ケファ」という言葉に尊敬の念は籠められていないことが分かります。ペテロに実際に会ったことのない信者が増えていくほど、後付けで、ペテロが「岩」のような信念の持ち主、立派な人物と見なされるようになったと解釈できるでしょう。

生年不詳ですが、没年は67年と言われ、初代ローマ教皇とされています。

絵画では、鶏とともに描かれることがあります。これはイエスを裏切って、朝に鶏が時を刻むまでの間に3回イエスのことを知らないといったというエピソードにちなむものです。

イエスへの弟子入りの際に「姑」存在が描かれており、妻がいたことが分かります。

会堂を出るとすぐ、ヤコブとヨハネとを連れて、シモンとアンデレとの家にはいって行かれた。ところが、シモンの姑が熱病で床についていたので、人々はさっそく、そのことをイエスに知らせた。イエスは近寄り、その手をとって起されると、熱が引き、女は彼らをもてなした。（マルコ福音書1：29〜31）

この妻は、聖母マリアやマグダラのマリアたちと同様、イエス教団に同行していました。

私たちには、ほかの使徒たちや主の兄弟たちやケファのように、信者である妻を連れて歩く権利がないのでしょうか。（パウロ「コリント人への第一の手紙」９：５）

また、ペテロには子どもがいた、とされています（クレメンス『雑録』３：６：52）。当然、布教の旅には同行していたことでしょう。

ペテロの墓の上に、バチカン公国のサン・ピエトロ大聖堂（聖ペテロの大聖堂）が建てられています。１９３９年の調査で、地下墓所から、丁重に埋葬された男性の遺骨が発掘されています。この人物は１世紀の人物で、年齢は60歳代、堂々たる骨格で、古代において王の色とされていた紫の布で包まれていました。１９６８年になり、ローマ教皇パウロ６世が、これを「納得できる方法」でペテロのものであると確認できたと発表しています。

ペテロは、激動の時代の中で、迷いながらも波乱に満ちた生涯を送った人物です。誤解されることも多く、敵も多く、苦労した人生でした。ローマにおいて、人びとに尊敬されながら亡くなったのは救いです。ペテロに対する好き嫌いは別として、現代のわれわれから見て、特に身近に存在するように感じられる人物です。

義人ヤコブの下のペテロ

ペテロは、義人ヤコブの厳しい監督にはなじめなかったようです。エルサレム関係者がいないところでは、イエス教団の頃と同じようにゆったり過ごそうとしていました。

ヤコブのもとからある人々が来るまでは、彼は異邦人と食を共にしていたのに、彼らがきてからは、割

礼の者どもを恐れ、しだいに身を引いて離れて行った。（パウロ「ガラテヤ人への手紙」２：12）

ペテロが義人ヤコブに厳しくとがめられ、監視されていたことがうかがわれます。

ペテロがエルサレムに上ったとき、割礼を重んじる者たちが彼を非難した。「おまえは割礼のない人たちのところに行って、食事をともにしたそうだな。」（使徒行伝11：２〜３）

しかし、ペテロがその場しのぎの対応を続けたことで、聖パウロなどは義人ヤコブとは逆の立場から言行不一致のペテロを非難するようになります。

ケファ（ペテロ）がアンティオケにきたとき、彼に非難すべきことがあったので、私は面とむかって彼をなじった。というのは、ヤコブのもとからある人々が来るまでは、彼は異邦人と食を共にしていたのに、彼らがきてからは、割礼の者どもを恐れ、しだいに身を引いて離れて行ったからである。…彼らが福音の真理に従ってまっすぐに歩いていないのを見て、私は衆人の面前でケファに言った。「あなたは、ユダヤ人であるのに、自分自身はユダヤ人のように生活しないで、異邦人のように生活している。なのに、どうして異邦人にユダヤ人のようになることを強制するのか。」（パウロ「ガラテヤ人への手紙」２：11〜14）

間に挟まれたペテロの態度は、それでも中途半端です。「信念の人」「硬い岩盤」とは言い難く、まるで現代的な会社組織に勤める中間管理職のようです。

こういった信仰上の難点に加えて、この時期のペテロにとってのもう一つの難点は教団経営です。イエス教団と異なり、教団経営の要となるCFOがいないことも大きな痛手となりました。資産家夫婦を殺害してまで資金を集めなければならなかったり、あれだけ批判・否定し続けた聖パウロに対してでも破門することなく資金援助を求め続けていたことを鑑みると、義人ヤコブによる教団経営は苦しく、常に金欠状態で、つつましやかな生活が信徒に強要されたものと推察されます。貧しくても夢を持ち、魂の救済の可能性を信じさせてくれるリーダーの下で和気藹々と過ごせたイエス教団とは大きく異なり、ただただ貧しい監視生活に、ペテロは疲弊し辟易としていたことでしょう。

しかし、義人ヤコブはスペインから戻ってきた大ヤコブ（ゼベダイの子のヤコブ）がエルサレムに帰還するとこれを当局に通報するなど、エルサレム社会の信頼を着実に勝ち取っていきます（使徒行伝12：1～2）。そのような中、資産家夫婦殺害事件を起こしたペテロは、当局に捕まり、むち打ちの刑を受けています（使徒行伝5：1～40）。そしてエルサレムを放逐され、一旦、ルダ（現在のロッド。ベングリオン国際空港のある古都）に定着しました（使徒行伝9：32）。

ペテロは、ここで、比較的自由な時間を過ごしつつも、なにかあればエルサレム教会（義人ヤコブ）に協力する旨、約束させられていたのではないでしょうか。アンティオキアへの訪問やエルサレム会議、その後の聖パウロなどの勢力分断策への協力などは、このような関係性の中で展開されたように推察されます。

エルサレム会議

このような中、ヘブライオイとヘレニスタイが再び接触しなくてはならない事象が発生します。

イエスの教えを興行を通じて伝道していたシモンの手法が、聴衆の暴走を招いたのです。人徳による感化のないまま「すべての人が救われ得る」という概念が広まることによって、自堕落な人が居直ってしまい、自己を見つめ直さない、努力しないといったことも起き得たと思われます。また、それとは逆に、同じ人間としての待遇改善や、不正予防・正義を求める歎願や抗議行動が、暴力・暴動と見なされることもあったと思います。そして（現代においても穏健にはじまったデモや集会がしばしば暴徒化するように）当時においても不用意に対決が煽られ一部の人間が暴徒化したこともあったでしょう。

ユダヤ人は、キリストの煽動によって絶えず騒擾を起こしたので、皇帝クラウディウスは、彼らをローマから追放した。

（スウェトニス『皇帝列伝』クラウディウス篇25：4）

クラウディウス帝の49年の施策です。そして追放に該当しない程度の騒擾は、ある程度、頻繁におきていたことも想像に難くありません。ネロによる最初の迫害（64年）より以前から、キリスト教徒は社会秩序を乱す要因として目を付けられていたことが分かります。

こうして、ヘレニスタイは、ローマ帝国の当局から、下層民を焚きつけて社会秩序を乱す煽動者とみなされるようになってきます。そこで、当局は、イエスの弟であるユダヤ人の義人ヤコブ（ととの傘下にいるヘブライオイたち）を使って、ヘレニスタイを統制しようとしたと思われます。

こうして開催されたのが「エルサレム会議」（49年）です（使徒行伝15：1～6）。しかし関係者の間に意見が一致することはなく、「当面は現状維持」で終わったようです。この後、ヘブライオイが、体制を整えた上で「イエスの弟」の権威の下に、ヘレニスタイの拠点に人を派遣し、ヘレニスタイたちの教えを徹底的に批判・非難するようになります。例えば、ペテロ（ケファ）とヨハネは、聖フィリポのいるカイサリアに向かい、聖フィリポの権威や、弟子シモンのことを否定・中傷して回りました。（使徒行伝8：16、8：20～23）

紀元50年代半ばに各所で展開された正統派キリスト教を巡る争いは、聖パウロ等の活躍もあり、また、ユダヤの（つまり、モーセの）律法は遵守しづらく各所で敬遠された結果、ヘブライオイの主張は完全には受け止められず、一旦、ヘレニスタイ側の主張が優勢なまま終わります。そして、聖パウロが61年に、義人ヤコブが62年に、ペテロが67年頃にそれぞれ刑死した上、66年から70年にわたってユダヤ戦争が起き（ローマ帝国の属州としての）ユダヤ社会が壊滅的になったことで、キリスト教がユダヤ教から独立していき、人の入れ替わりもあって、ヘブライオイとヘレニスタイの対立の意味がなくなってしまいました。

しかし、50年頃から顕在化し60年前後まで長期間続いたヘブライオイとヘレニスタイの闘いは、キリスト教の教義の成立に当たって多大な影響を及ぼしました。

先ず、律法と福音の関係が整理され、福音が律法に優先することになりました。ユダヤ教の律法を規定した預言者モーセの地位が、新約聖書では低くなっていることに留意しましょう（パウロ「ローマ人への手紙」２：12～15など）。他方、ヘブライオイ的な秩序維持の概念は、ヘレニスタイ側にあっても重視されるようになりました。比較的に長生きし、各地で顔を知られていたペテロが、（イエスの後継者の不在を埋める形で）結果的に復活し、名声を高め、独自の折衷的教義（後の正統派キリスト教）を広める素地となり、これはまた、（言うことを聞かない者に対する制裁としての）終末思想が復活する素地を整えました。本当の福音とは何かを検討していくにあたっては、こういった影響を考慮に入れる必要があると思われます。

この経緯の中で、聖アンデレは忘れられていったと思われます。

第6章　聖アンデレに倣いて

第1節　なぜ憧れるのか？

どんな組織にもマネジメントが必要とされます。そして、規模が大きくなり、継続性も高まってくると、組織のトップにいる人物の「思い」を実現するための番頭役が必要になってきます。成功した組織はトップ（CEO）と番頭（CFO）の二人三脚で成長しているように見受けられます。

世の中は美談であふれており、その中には作られた美談も多いのが実際です。自らの評判を高めるために、また他者の評判を下げるために作られ流される美談は、往々にして歴史的現実からは離れていきます。往々にしてトップ（CEO）を非人間的な存在まで祭り上げ、裏方を支えた番頭（CFO）の存在など初めから無かったかのように装いがちになります。ここで取り上げたのは、そんなふうに消されてしまった無数の番頭（CFO）たちの一人だとも言えるでしょう。


生年不詳、没年不詳。男性。ギリシア系らしい。

残されたエピソードは少ない。

パレスチナやシリア、トルコから黒海周辺のあたりを転々とし、ギリシアで亡くなったとされている。

彼は、とある宗教教団の発足に加わり、わけへだてなく人々と付き合った。

「最初の伝道師」と言われている。

師の最初の弟子となり、兄弟分を師に紹介した。

異邦人に師を引き合わせ、師の言葉を伝えるための信者間の心理的な壁を取り払った。


こういったことは、平凡なことだったのかも知れません。忘れられても仕方ないといわれてしまうのかも知れません。しかし、彼は、キリスト教・イスラム教、そして仏教（大乗仏教）という3大宗教すべての基礎に貢献した人物であり、忘れてはならない人物でもあるのです。事務方の理想的な姿として、憧れます。

第2節　5つのパンと2匹の魚の奇跡

聖アンデレが関与する奇跡に「5つのパンと2匹の魚」というものがあります。パン5つと魚2匹をもっ少年をイエスに引き合わせました。これによって、5，000人もの人の食事が充分にまかなえたと伝えられています。


イエスは目をあげ、大勢の群衆が自分の方に集まって来るのを見て、フィリポに言われた、「どこからパンを買ってきて、この人々に食べさせようか」。これはフィリポをためそうとして言われたのであって、ご自分ではしようとすることを、よくご承知であった。

すると、フィリポはイエスに答えた。

「200デナリのパンがあっても、全員が食べるには少し足らないと思います。」

弟子のひとり、シモン・ペテロの兄弟アンデレがイエスに言った。

「ここに、大麦のパン5つと、魚2ひきとを持っている子供がいます。しかし、こんなに大勢の人では、それが何になりましょう。」

イエスは「人々をすわらせなさい」と言われた。その場所には草が多かった。そこにすわった男の数は5000人ほどであった。

そこで、イエスはパンを取り、感謝してから、すわっている人々に分け与え、また、魚をも同様にして、彼らの望むだけ分け与えられた。

人々がじゅうぶんに食べたのち、イエスは弟子たちに言われた。

「少しでもむだにならないように、パンくずのあまりを集めなさい。」

そこで彼らが集めると、5つの大麦のパンを食べて残ったパンくずは、12のかごにいっぱいになった。

（ヨハネ福音書6：5～13）


この最後の話は、数量が余りに異なるため現実的な話ではないのではないか、また旧約聖書（列王記下4：42～44）に出てくるエリシアの奇跡の焼き直しだろうと考える人もいます。しかし、この話は、条件さえ整うのであれば可能性としてはありうる話と思います。ここでは、その条件を考えてみましょう。

通常の場合、食事が回されてきた場合、いつまたお腹が空くかわからないので、自分の分を確保しようとします。しかし、こんな場合であればどうでしょう?

時間帯としては、午後2時から3時ころ。大勢の群衆は、近くの村から、昼ご飯を食べてから出てきた。その中には、パンなどを、空腹時のために、またはイエスたちに渡そうと思って、持ってきていた人もいた。つまり、食事に本当に困っていたのはごく少数で、後は食事を済ませていたという状況があったのではないか、ということです。

その上で、イエスや聖アンデレが「本当に必要な方が、必要な分だけ取ってください。」とお願いした。このことで、そこにいた誰の心にも、「念のため、廻ってきた食事を確保しておこう」という気持ちが生じなかったのではないかと思います。本当にお腹が空いている人、我慢できない人以外、パンや魚を取らなかっただけではなく、人によっては、「念のため」家から持ってきたパンなどを（困っているみんなのために、こっそり）籠に追加してあげたのではないでしょうか。

大勢の人々に、そのような気持ちを抱かせることは、これはとても難しいことです。これを実現させることができたのは、「本当に必要な方が、必要な分だけ取ってください。」とお願いしたイエスや聖アンデレに対して、人々が賛同し、応援する気持ちがあったからだと思います。この奇跡の実現は、イエスと聖アンデレの人徳にかかっています。イエスと聖アンデレには、それだけの人徳があり、誠意・誠実さにあふれていて、他方で、理性的な説得力があったことが分かります。

友愛の精神と理性とが、適切に融合して、仲間を次々に増やしていけるというのは、正に、コミュニケーションの天才の行うことです。それが、この奇跡を起こすくらいの人徳・説得力で行われるとしたら…　ファンになる人が続出したことは間違いないでしょう。

よりよく生きるために、より良いコミュニケーションをとる、そういったリーダーとしての姿をイエスや聖アンデレがよく示しておられるのではないか、そう思われます。イエスと聖アンデレという二人のコミュニケーションの天才がいて、その二人が組むことが出来た、ということ自体が奇跡だったのではないでしょうか。

第3節　悪魔との3つの問答

ウォラギネの『黄金伝説』は、聖人の伝説を収集した中世の本ですが、ここに聖アンデレのエピソードがいくつか紹介されています。第10エピソードでは、聖アンデレが知恵と慈愛に溢れ、人々の個性を尊重しつつ、人間の心の弱さも愛おしみ、守ってくれる存在として描かれています。

このエピソードの中で、聖アンデレは、悪魔と3つの問答をします。絶世の美女に扮した悪魔が、ある敬虔な司教を籠絡しようとしたタイミングで、旅の巡礼に扮した聖アンデレが教会の門前に到着します。悪魔は司教籠絡の邪魔をされたくないため、役僧を通じて問いを出し、その巡礼が答えられなければ教会の中に入れなければいいと司教に同意させ、問題を出していきます（ヤコブス・デ・ウォラギネ『黄金伝説1』56〜60頁）。

■第1の問答

（問）神さまが小さなことでなされた大きな奇跡はなにか？

（答）それは、すべての人間の顔立ちが違うという奇跡です。世界の始まりから終わりまで、寸分違わない同じ顔をした人間がふたりと見つからないという奇跡です。そして、天の神様は、この顔という小さな場所に身体の全感覚を封じ込められたのです。

■第2の問答

（問）土がどの天よりも高いところにあるのはどこか？

（答）それは、エンピュラエウム（至高天、火天）です。というのは、ここにはキリストの聖体が鎮座されているからです。キリストの聖体は、どの天よりも高いこの至高天にありながら、私たちと同じ肉でできております。そして、私たちの肉は、土でできています。したがって、その土は、どの天よりも高いところにあることになります。

巡礼（聖アンデレ）の答えが的確であったため、司教たちは、感嘆していきます。この展開に怒った悪魔は、最後の問題を出します。

■第3の問答

（問）天は、地からどれくらいの高さにあるか？

（答）この問いをもってこさせた人のところに戻って、その人に答えてもらいなさい。その人は、私よりもよく知っています。その人は、天国から地獄に落ちたとき、自分でその高さを測ったはずですから。私は、悪魔のように天から落ちたことがないので、そんな高さを測ったことがありません。と言いますのは、美女に身をやつしていますが、あれは、女ではなく、悪魔なのです。

この質問をすること自体が、質問者が誰かを示してしまう品のないものであったということでしょう。巡礼の回答に驚いた役僧が司教に報告し、一同狼狽している間に悪魔は逃げ去っていきます。そして、聖アンデレが扮する巡礼も消えてしまいます。最後は、司教がより敬虔深くなり、ますます聖アンデレを信奉するようになったことが記されて終わります。

ここに描かれているのは、聡明で、博学で、勇気があり、大胆で、勝負に負けない聖アンデレ像です。そして同時に、必要以上には目立たないように振る舞う謙虚な姿でもあります。事務方の、そしてマネージャーの理想的な姿であり、それだけでなく、世の多くの人々の理想となる姿を、短い話の中で描き切っています。

第4節　日々の実践を

聖アンデレが理想的なマネージャーであることを疑う人はいないと思います。ミッションの設定の確かさ、軸がぶれない仕事師、面倒見の良さ、誠実・誠意にあふれた人物といった特徴があっただろうことは、折に触れて前述した通りです。

以下では、どのような点に気を付ければ、聖アンデレに倣った行動を少しでもとることができるのかを考えてみましょう。

(1) マネージャーの務めを理解する

Ｐ・Ｆ・ドラッカーによれば、マネージャーには、次の二つの役割があるとされます。これを聖アンデレが体現していたことに異論のある方はないと思います。

> ①第一の役割は、部分の和よりも大きな全体、すなわち投入した資源の総和よりも大きなものを生み出す生産体を創造することである。
> ②第二の役割は、そのあらゆる決定と行動において、ただちに必要とされているものと遠い将来に必要とされるものと調和させていくことである。
> （Ｐ・Ｆ・ドラッカー『マネジメント』【エッセンシャル版】１２８頁）

しかし、こういったことを達成するのは、非常にむつかしいことです。やらなければならないことは無限に増えていきますし、きちんとやろうとすればするほど自分の時間が無くなっていきます。やるべきことに優先順位をつけ、「何故、他ならぬ今、それをしなくてはならないのか」と取組み意義を明確化しながら、大切なことを大きくは外さないようにする必要があります。

(2) ミッションを設定し、体現する

先ず、なにが大切なことかを見抜くことが大切です。そのために必要なことはミッションです。

「ミッションとは、組織に働く者全員が自らの貢献を知りうるようにするもの」
(P・F・ドラッカー『非営利組織の経営』4頁)

組織の目標(企業理念など)は、雄大なものであることも多いと思います。イエス教団の場合、「本当の神の教え(福音)を周知徹底させる。このことを通じて、全人類に、魂が救済されていることを知らしめ、安心を得させる」でしょう。

企業理念をめぐっては、ビジネス史上最も有名な事件は、1982年に発生した「タイレノール事件」でしょう。これは、「ビジネス史上最も優れた危機対応」の事例の一つと言われたものです。タイレノールというのは、ジョンソン・アンド・ジョンソンの製造する鎮痛剤のことです。これを服用した方が何名か亡くなっていることが判明した際、ジョンソン・アンド・ジョンソンのCEOであるジェームス・パークは、直ちに対応戦略チームを編成し「まず顧客を守るためにはどうしたらいいかを考え、その次にこの商品をどう救うかを検討する」という指示を全社に出します。そして、ジョンソン・アンド・ジョンソンのクレド「わが信条(Our Credo)」に基づき、自社には責任がないと言い逃れをすることもなく、すぐにマスコミを通して「タイレノールを一切服用しないでください」と警告を発信し、自主的に商品の回収を行いました。同社は重要な情報を包み隠さず発信し続け、マスコミからの厳しい追及に対しても誠意ある対応を取り続けました。事件発覚後2カ月だけで、医療関係者向けの説明やプレゼンテーションだけでも100万回に至ったといわれています。この結果、医療関係者や消費者からの信頼の低下も一過性のものにとどめることができ、再発予防策（異物混入を防ぐ新パッケージの開発）が出来た後は、商品製造を再開することができた、という事例です。

もし、この時のCEOが「情報公開は、わが社に本当に責任があるのかキチンと調べてから、目立たぬように行おう」「損害賠償の金額を最も減らすための方策を考えよう」という発想であったら、迅速な対応もできず、社会的な損害が増えるまで自社の過ちを認められないことになり、業界関係者や消費者の信頼を失ったことでしょう。場合によっては倒産に追い込まれることもあるでしょう。一般に陥りがちなミスは、こういうところにあります。しかし、ジョンソン・アンド・ジョンソンは、そのような過ちを犯しませんでした。タイレノール事件を、金銭の問題ではなく、社会に対する自社の関わり方（責任）の問題として捉え、迅速に対応しました。このような素晴らしい対応ができたのは、自社のクレド（ミッション）を判断基準・行動指針にできていたからです。

イエス教団は、ある程度の多人数（30～40名程度）でパレスチナ各地を回っていたにも関わらず、組織活動を阻害するようなトラブルが発生していません。イエスの活動や発言も、神殿との対決に至るまでは終始一貫していいます。これも、タイレノール事件の時のジョンソン・アンド・ジョンソンのように、イエス教団でも、教団の一人ひとりが、組織のミッションに照らした自分自身の日々の行動指針を理解していたからでしょう。

（3）捨てる勇気をもつ

しかし、なにが大切なことか、を具体化するのは難しいことです。ミッションを具体化するための手法を知らなくてはなりません。昨今では、これはECRS（Eliminate（除去）、Combine（結合）、Rearrange（入替え）、Simplify（簡素化））の順に日々の業務を見直すと、改善の効果も大きく、過剰や過小な改善も避けられ、さらに不要なトラブルも最小になるといわれています。

ここで肝心なことは、「捨てる」（Eliminate）ことです。将来に向けていろいろと思い悩むと、選択肢を捨てるのも勇気のいることになります。でも、マネージャーが「何をしないか」を決めないと、部下は方針を見失い、あれもこれもと手を出してしまいがちになり、結果的に、組織全体としても雑務に追われ、充実した活動ができず、無力感にさいなまされることになります。正しいことを、正しい方法で、適切なタイミングで実行するためには、雑務を極力、事前に除いておかなくてはなりません。そのためにも、マネージャーには、不安を乗り越えて「何をしないか」決める勇気、つまり捨てる勇気が必要となります。

捨てる勇気さえあれば、完全に捨てられるものであればしないことができます。必要ではあっても優先順位が高くないものは、仕組みをつくって効率的に捌けるようにすればいいのです。

最悪の事態を考え、それを回避するための手立てを講じることは、捨ててはいけません。その意味で、捨てるにも戦略性や計画性が必要性です。しかし、突き詰めて考え抜いた後は、思い切って捨てなくてはなりません。

聖アンデレが、軸がぶれない仕事師であることは、先述の通りです。聖アンデレのように正しいことを、正しい方法で、適切なタイミングで実行することが出来るためには、そのための心の準備（捨てる覚悟、捨てていいのかの熟慮など）も必要になるのです。

（4）他人のために時間を使う

聖アンデレが誠意・誠実さに溢れた人物であることは理解できますが、部下が従ったのは、なぜでしょう。推測ではありますが、聖アンデレは、余暇を周囲の人々のために使ったのではないでしょうか。

仲間を増やすにしても、寄付金を増やすにしても、その管理をするにしても、準備が必要になります。計画を立て、自己を研鑽し続けないといけないと思うことも多いはずです。すきま時間があったら、自己研鑽に費やす人も多いでしょう。

しかし、そのようなすきま時間を、一部でも他人のために使うように心がけていたのではないでしょうか。自分が潤滑油となって周囲の不安を解消するのです。みなが前向きに動けるようになって自分の時間も結果的に増えるという好循環を生み出すこともあるでしょう。逆に、その人に振り回されて疲弊することもあるでしょう。そのすべてを楽しむのです。

黄金伝説の第10エピソードにあった第1問答は、自分と他人の違いを楽しむ聖アンデレの姿を示しています。好循環も、疲弊も含めて、他人との関わりすべてを楽しむ境地に至れるか。仏教では「縁」といいますが、ドゥールーズ＝ガタリの「リゾーム」、エドゥアール・グリッサンの「関係」などにも通じる姿なのではないかと思われます。

（5）主役は自分ではなく、各人だと心得ている

神の被造物という意味で、すべての生けとし生けるものは平等です。イエスや聖アンデレは、自身をその例外だとは思っていませんでした。

聖アンデレは、人との違いを尊重し、楽しめる人でした。換言すると、聖アンデレは、各人が各自の人生の主役だと心得ていた、とも言えるでしょう。子供でも部下でも誰でも、その人が主役であると心得て、目の前にいる人のことを知りたがる。相手に気づきやチャンスを提供することで、自分では気付いていないような可能性を引き出し、伸ばすきっかけを提供できる人は、優れた教育者をはじめとして時々おられます。聖アンデレも、正にそういった人だったのではないかと思います。

(6)伝え方に気を使う

他人のために時間を使う、というのは、他人の生活、つまり、他人が主人公となる生活空間の充実のために時間を使うということです。他人をこちらの意のままに使うことではありません。他人が主語でなくてはなりません。しかし、他方で、あなたのアドバイスやサポートの効果が上がるようにしなくてはなりません。

そのために重要なことは、伝え方です。相手の立場にたって、または、仲間としての立場から、短い言葉で、的確に、必要なことを伝えることが必要となるでしょう。言葉遣いと同じくらい、相手に対する共感力、相手の本当の気持ち・願いを把握する力が重要となります。

(7)自分を見つめ直す

他方で、自己研鑽にも励まなくてはなりません。ストイックに自分を高めるためには、自分の出来ていないことを冷静に直視し、できるように一歩一歩踏み出していくことが必要となります。この自分を直視するのが、非常にむつかしいのです。モーリス・メーテルリンクの戯曲『青い鳥』や、アンドレイ・タルコフスキーの映画『ストーカー』に端的に示されたように、本当の自分やその願いと向き合うこと自体が一大決心を必要とすることであり、一つのドラマです。禅やマインドフルネスなどが流行しているのも、自らの心を見つめ直す術を求めている人が如何に多いかを示しています。

イエスや聖アンデレの活躍した頃の洗礼は、全身を水に浸すものでした。（今でも、正教会では、神現祭（Epiphany、主の洗礼祭）などで潜水をすることがあります。）すべてを浄化する水の中で、しかし安易に口を開けば溺れてしまう状況で、邪念を祓い、神に自分をさらけ出すのです。胎児に戻る、といってもいいかも知れません。気取る必要もなく、焦る必要もありません。推測ですが、聖アンデレはこの洗礼という行為を通じて、都度、自己を見つめ直していたのではないでしょうか。いつも自己を謙虚に見つめ直しているので、必要以上に自己研鑽に励みすぎることもなく、軸をぶらすこともなく、必要以上に活動することもない、ゆるぎない自己を体得できたのではないかと思います。

（8）大欲をもつ

「大欲は無欲に似たり」といいます（吉田兼好『徒然草』217節など）。「私はカネが欲しい」という人は多いでしょう。しかし、「カネが欲しい」という欲望を、主語・目的を変えて「世界中の人々が、未来永劫にわたって豊かに暮らすようにしたい」と、話を大きくしていくことで、欲は私欲から大欲となり、世の中を良くするための真摯な情熱へと昇華していきます。同様に、「世の中の人々みんながお金に困らないように」「世の中の人々みんなが空腹を感じないで生活できるように」「世の中の人々みんなが、死後、天国にいけますように」などと欲の主語を大きくしてみると、かえって無欲に近づく行為となることが分かるでしょう。

聖アンデレも、洗礼のヨハネの下に参じたときは自らの魂の救済を目指していたのかも知れません。しかし、ヨハネやイエスと出会うことによって、全人類の救済を説く宗教者になりました。

「自分が金を儲けるために」という視点で始まった事業であっても、「従業員とともに」発展するものですし、顧客のニーズに耳を傾けることは「顧客の課題解決のために」活動するという側面に気付くことでもあるでしょう。収益追求は事業の継続のために行うものですから、これと大欲とのバランスをとって活動することは可能となるはずです。

(9)聖なるものに畏敬の念を持つ

一般に宗教的感情には偏狭さと狂信性が付帯することが多いとされます。自分たちの行為を神が応援してくれていると思い込んだり、異民族を改宗・殺害することを神が喜ぶと思い込み、実践する人々が古今東西後を絶たないからです。しかし、偏狭さと狂信性をもった人物が、聖アンデレのようなコミュニケーションの達人となることはありません。先にイエスが神をどのように捉えているかを検討したことの繰り返しになりますが、神は人知を超えた存在です。イエスや聖アンデレは、「神が自分たちを助けてくれるはず」(with God on our side)という態度はとりませんでした。(神殿との対決に臨んで死ぬ覚悟を固めたことは、その際たるものでしょう。)

人々が考えるようなことに神の活動を限定して考えることや、自分たちのたくらみに神が乗ってくると考えることは、「神は自分たちを助けるべき」という甘えから生まれます。神の意志を自らが動かせるという思い込みは、傲岸不遜であり、神に対する畏敬の念をもっている行為とは言い難いでしょう。イエスや聖アンデレとは異なる思想にあることが分かると思います。

真摯な畏敬の念から出来ることは限られています。その中でも最も重要と思われることは、すべての存在や出来事をあるがままに前向きに肯定し、受け容れることです。人は、肯定され受け容れられることで、日常の瑣事に囚われることがなくなり、心も軽やかになります。過去を踏まえながらも、未来に向けて人生を集中できるのです。18世紀に活躍した『純粋理性批判』などで知られる哲学者イマニュエル・カントも、臨終の言葉は「これでいいのだ(Es ist Gut.)」でした。神の御業は、人間が理解しきれるものではないということを前提としつつ、理解できなくても受け止めることはできる、と腹をくくるのです。

（10）善意と善行を分けて捉え、善行に集中する

ヨーロッパの諺に「地獄は善意で満ちているが、天国は善行で満ちている」というものがあります。地獄では、人々がそれぞれの欲望を満たすために大義名分を持ち出して、お人よしの人々を利用・搾取するので、大義名分が結果を伴いません。結果的に、信じた人々が右往左往し疲弊していきます。他方、天国では、人々はまず善行を行うため、安心して信頼し合って生きていくことができます。

悪魔的な人物は、善行を行う人を引きずり降ろそうとします。まずはじめに、深く考えないままに善行を自然と行っている人たちをターゲットとして、疑問を呈していくでしょう。「それでいいの？ もっと考えたら？」「費用対効果は？」「いいように使われて、損してない？」「もっと大事なことってあるよね？」「もっとつらい思いをしている人がいるよね？」「そんなことで、あの人たちの悲しみに寄りそうことができるのかな？」「本当にみんなのためになってる？」「理想を実現するなら、本当に必要なことなんじゃないかな？」など、気を遣っているかのような体裁で大義名分を浴びせかけ、善行者の心に、善行すること自体を不安に思われるような種を蒔いていきます。そして、不安や疑心、不信感を増長させ、その解消と称して新たなルールをつくり、その中に自分のポジションを入れ込んで、支配権や権益を獲得していこうとすることでしょう。

アメリカ、黒人地方、香料諸島、喜望峰などは、それらが発見されたとき、かれらにとってはだれにも属さない土地であるかのようであったが、それはかれらが住民たちを無に等しいとみなしたからである。

東インド（ヒンドゥスタン）では、かれらは商業支店を設けるだけだという口実の下に軍隊を導入したが、しかしそれとともに原住民を圧迫し、その地の諸国家を煽動して、広汎な範囲におよぶ戦争を起こし、飢え、反乱、裏切り、そのほか人類を苦しめるあらゆる災厄を歎く声が数え立てるような悪事を持ち込んだのである…

これらすべてを行なっているのは、敬虔について空騒ぎし、不正を水のように飲みながら、正統信仰で

選ばれたものとみなされたがっている列強諸国なのである。
（イマニュエル・カント『永遠平和のために』49～50頁）

哲学者カントは、疑うことを知らない素朴な人をだまし、自分の道具として利用・搾取しようとする人々がキリスト教徒を名乗っていることを嘆きました。ここで歎かれている行動が、イエスや聖アンデレの行動とは異なることがよく分かります。カントが嘆くのはもっともです。

イエスの「よきサマリア人」の喩えは、偏狭な大義名分には心を止めずに、善行を見つめよと説くものでした。聖アンデレは、非ユダヤ人でありながらユダヤ人たちとも交わり、ヘレニスタイ・ヘブライオイなどの対立を顕在化させることなく、洗礼のヨハネやイエスの教えに邁進できるような教団運営を行っていました。大義名分（善意）という「言葉」で判断するのではなく、善行という「行動」を基準に動き、判断していたからこそできたことなのでしょう。

恋人からの「好きだよ」という言葉、願いを持つ人の「夢を叶えたい」という言葉、政治家が説く「国民のために」「平和のために」「経済発展のために」という言葉など、言葉と行動が一致しない人が一定数存在する分野はたくさんあります。行動を見れば一目瞭然でも、ついつい聞き心地の良い言葉の方を信じて騙され、傷つけられることは多いのです。

本当に温かい人間は、「言葉」ではなく「行動」が温かいものです。
当然、聖アンデレ自らも、善行を中心に据えた活動をしていたに違いありません。

さて、ここまで、聖アンデレに倣うために必要な行動・態度として、いくつか挙げてみました。これだけでも充分に体現しようと思うとむつかしいと感じるのではないでしょうか。しかし、すべて出来ない場合でも、聖アンデレに倣って行動するだけで、人々のコミュニケーションは円滑化し、お互いの人生が豊かになるようには思えないでしょうか。必ずしも充分ではなくても、人々が共感し、協働して、互いに感謝しながら人生を楽しむことが出来る、そんな社会を迎えることができるようになる。そう信じて、筆を擱きたいと思います。

あとがき

なぜ仏教徒が聖アンデレに憧れるのか、と聞かれることがあります。そして、なぜ、キリスト教徒にならないのか、と。

事務方の業務に長くついてきた私は、「イエス教団の中で、誰が、どういう形で事務を回していたのだろう？その事務方を取りまとめる存在は誰なんだろう？」と思いました。この単純な疑問が、聖アンデレを調べ始めたきっかけでした。

しかし、その結果として、「史上最高のＣＦＯ」と称して過言ではない聖アンデレの魅力に、そして、そのリーダーである人間イエスの魅力に気が付くことができました。

さらに、聖トマスを媒介とした仏教とキリスト教との交流、そして、イエスの教えが大乗仏教の成立につながっていくことに驚きを禁じえませんでした。

同時に、キリスト教という概念の多様さ（いわば統一感のなさ）にも驚くことになりました。キリスト教においては、人によって神の概念が異なるため、信徒の数だけ神がいます。にもかかわらず、神が一柱であることを標榜するために、皆、自分の神は他人の神でなければならないと思い、自分の神を他人に押し付けようとします。人間は不完全なもので、必ず「伝言ゲーム」を起こします。なのに、自分の不完全な理解を、神に関してだけは「完全なるもの」と過信し、他人に押し付けようとするのです。神の前に平等であるという主張の下で、その解釈は自分のものを絶対視せよと強制していく姿は、とても不思議で、なかなか分かり得ないところです。しかし、歴史を把握できたことで、人間の理屈によって正統とされたキリスト教以外にも、多様なキリスト教（またはイエスの教え）があったと分かりました。

私が信奉している仏教では、多数の神仏や、異教徒の神々をまず肯定します。肯定した上で、それらの窮極の姿として大日如来・毘盧遮那仏を置きます。究極の姿（勝義）において一つになることを説きながら、「人間は神仏のレベルは簡単には把握しきれないが、たどり着けることはできる」と説く仏教の方が、理論的にも明快なように思えます。自分の理解する神仏は、全体のなかのごく一部についてのものでしかない、と理解すれば、他人に自分の「神」を押し付け、差異を埋めなくてはならないと焦る必要もありません。

もちろん、これは、神を唯一神に限り、その他の神性ある存在を天使として位置付ける場合の唯一神信仰と同じ形になります。その意味で、ヨナ書やイザヤ書に見られるような普遍的ユダヤ教や、その後継となるキリスト教の宗派やイスラム教等とは言葉が異なるだけで、同じことを言っているだけなのかも知れません。エキュメニズムにもつながる論点であり、この検討は他日を期したいと思います。

＊＊＊

イエス、そして聖アンデレは、洗礼のヨハネを受け継ぎ、ユダヤ人以外にも「救済」を開放しました。ダイバーシティの先駆という意味でも、CFOや、経営企画・経営管理にもとめられる姿を示しています。本文に引用した「悪魔との3つの問答」で、人々の個性を奇跡として肯定的に認めている姿をご紹介しましたが、これは、今後、経済のダイナミズムが増幅していく中で、益々求められる姿勢となるでしょう。

新しい思想は、異なる文化や価値観が交じり合うところから生まれます。自分たちの当たり前が隣人の当たり前ではないことが顕在化し、さまざまな価値観が衝突する中、自分はどのように生きるべきか、隣人とどう共存できるのか（または戦うしかないのか）などと人々が真剣に考えるようになります。その意味で、商業・交易が発達した場所や、大きな戦争等が生じているところから、新しい思想や哲学が生まれ出るのは偶然ではありません。聖トマスの思想（アミダの思想）が、ガンダーラ美術を生んだパシュトゥン人の文化的先進性と融合することで、大乗仏教が生れたことは、ある意味で必然だったのかも知れません。そして、大乗仏教という大きな運動に取り込まれたことで、イエスの教えの古層が「すべての生命は（人間に限らず）聖なる性質（神性、仏性）を共有しており、生前・死後を問わず、元々救われているのである」という形で、大きく変質することなく、仏教の中に残ったことは幸運なことでした。

大乗仏教の経典は、多種多様に人間主義・平等主義を謳っています。形式的なエリート主義に対する『維摩経』の激しい反発、『妙法蓮華経』で示されたダイナミックな人間讃歌、そして『般若心経』に簡潔に示された宗派対立を超えた融合の在り方などは、まるでドラマを見ているかのようで圧倒されます。こういった思想のきっかけを植え付けたのが聖トマスの唱えた神（阿弥陀さま）であり、イザヤ書の発展形態である「神への畏敬の心」に基づいていることであるのは、嬉しい驚きでした。イエスや聖アンデレによって育まれた思想が、その仲間によって経済発達地域に広まり、磨かれることで、後世に残るものに発展したと改めて感じることができました。

＊＊＊

イエスはパンを取り、祝福してこれを割き、弟子たちに与えて言われた。「食べなさい。これは私の身体だ。」また杯を取り、感謝して彼らに与えられると、一同はその杯から飲んだ。イエスはまた言われた。「これは、多くの人のために流す私の契約の血だ。」

（マルコ福音書14：22～24）

あなたがたがそんな思い違いをしているのは、聖書も神の力も知らないからではないか。…神は死んだ者の神ではなく、生きている者の神である。あなたがたは非常な思い違いをしている。
（マルコ福音書12：24〜27）

本文でも書きましたが、こういったイエスの言葉に、イエスや聖アンデレの思想が端的に示されていると思います。

人間のもつ潜在的な「発酵する力」「成熟する力」は、神に与えられた聖なるもの。この力を活かしあえば、きっとより良い人生を送ることができ、人々は連帯し合え、世の中もよくなっていく。

そして、この発想こそ、宗教や宗派を超えて普遍的に妥当する願いだとも思います。

理性を肥大化させ効率化を推進することこそが宗教・倫理の目的と捉える風潮が強まっていく中、基本に立ち返って、精神の問題は、「命」「魂」の救済にあると、連帯の観点からとらえ直す。人間社会の基本を、ここから取り戻す。

聖アンデレを振り返ることでそのような想いを抱く人が増えることを、そして行動を変え、個々に納得のいく人生を送れることを、そして、宗教や宗派を超えて「人間であること」を基盤に人々が連携しあえる日が来ることを祈っています。

付録 イエスの弟子（福音書別の順位比較表）

<table>
<tr><th>順位</th><th>マルコ福音書
3:16～19</th><th>マタイ福音書
10:2～4</th><th>ルカ福音書
6:13～16</th><th>使徒行伝
1:13</th></tr>
<tr><td>1</td><td colspan="4">ペテロ</td></tr>
<tr><td>2</td><td>ヤコブ
ヨハネ
アンデレ</td><td>アンデレ
ヤコブ
ヨハネ</td><td>アンデレ
ヤコブ
ヨハネ</td><td>ヤコブ
ヨハネ
アンデレ</td></tr>
<tr><td>3</td><td colspan="4">フィリポ</td></tr>
<tr><td>4</td><td>バルトロマイ
マタイ
トマス</td><td>バルトロマイ
トマス
マタイ</td><td>バルトロマイ
マタイ
トマス</td><td>トマス
バルトロマイ
マタイ</td></tr>
<tr><td>5</td><td colspan="4">アルパヨの子ヤコブ</td></tr>
<tr><td>6</td><td>タダイ
熱心党のシモン</td><td>タダイというレバイ
熱心党員シモン</td><td colspan="2">熱心党のシモン
ヤコブの兄弟ユダ</td></tr>
<tr><td>7</td><td colspan="3">イスカリオテのユダ</td><td></td></tr>
</table>

喫茶去（きっさこ）
学生時代は、阿部謹也ゼミ、安丸良夫ゼミにて、社会史・民衆史を学ぶ。奉職後は総合商社やIT分野において、東証プライム上場企業の執行役員、上場子会社の取締役CFOなどを務めた。
交易における文化や宗教のかかわりや資本主義の変遷の歴史を通じて、いつか「日本社会の特質」を明らかにしたいと考えている。
一橋大学卒。中小企業診断士、個人情報保護士。

聖アンデレ　イエス・キリストを支えた史上最強CFO

2025年4月28日　第1刷発行

著　者―――喫茶去
発　行―――日本橋出版
〒103-0023　東京都中央区日本橋本町2-3-15
https://nihonbashi-pub.co.jp/
電話／03-6273-2638
発　売―――星雲社（共同出版社・流通責任出版社）
〒112-0005　東京都文京区水道1-3-30
電話／03-3868-3275

ISBN 978-4-434-35531-8